その判断、
学校をダメにします！

管理職・主任のための「かくれたカリキュラム」発見・改善ガイド

学習ルールの
掲示物が飾り物に
なっているとき
すべきことは
何ですか？

横藤 雅人
武藤 久慶 著

明治図書

はじめに

教育が難しい時代になりました。個の権利や自由の偏重に伴い、社会が不寛容になりました。教師の言うことに従わない子が増えてきました。保護者の自己中心的な物言いも増えてきました。

今や一つも学級崩壊のない学校は珍しく、反対に心を病んで辞めていく教員が珍しくなくなりました。崩壊学級を複数抱えた学校で、子供の立ち歩きや授業妨害の制止、喧嘩の仲裁、保護者対応などに多大な時間を取られ、その分、夜遅くまであるいは休日にまで書類作成に忙殺されて疲れ切っている管理職も珍しくなくなりました。

理想に燃えて教師という職を選んだのに、知らないうちに傷つき、自分への自信を失って辞めていく同僚を指をくわえて見ていられない。そう思った私は、八十年代後半から、この「知らないうち」に光を当てようと試行錯誤を繰り返しました。それは、前年度崩壊した学級を引き継いだり、不登校の子を受け持ったりすることが多かった私の死活問題でもありました。

試行錯誤の中で気付いたのは、学級経営も授業も二つの異なるベクトルの働きを意識しなくてはならないということでした。そこで、その二つのベクトルの働きを「縦糸」と「横糸」とし、教育実践をそれらを織りなす業に喩え、「織物モデル」と名付けました。「織物モデル」を知った何人もの教師から、「学級を立て直すことができた。」「辞めようと思っていたが思いとどまった。」「前の学級で失敗した理由がよく分かった。」などの声をいただき、少しはお役に立てたのかな、と思っていました。

しかし、その後あちこちで「織物モデル」を伝えていて、それだけでは不十分だと感じるようになりました。

教師が無自覚にしていることの方が、自覚していることよりずっと多く、影響もずっと大きいことに気付いたからです。

この教師が無自覚にしていることを「かくれたカリキュラム」と言います。日常実践の中の「教師が意図も意識もせずに教え続けている教育内容」のことです。私はこの概念を千葉大学名誉教授の宇佐美寛先生の著作から学びました。宇佐美先生が『国語科授業批判』（明治図書）など何冊にも書かれた「かくれたカリキュラム」に学び、私は「織物モデル」と「かくれたカリキュラム」を併せて考え、説明するようになりました。これにより、不寛容の時代の学級経営や授業のコツが、少し具体的に提案できるようになったと思っています。

その一端を書いたのが、前著『その指導、学級崩壊の原因です！「かくれたカリキュラム」発見・改善ガイド』（明治図書、二〇一四年）です。主に担任教師を対象に、学級経営と授業に見られる「かくれたカリキュラム」に光を当てたものです。

本書はその続編です。今回は、管理職（校長、副校長、教頭）と主任（主幹教諭、教務主任、学年主任や校務分掌の部長など）を対象に書きました。

管理職や主任の判断や行動は各学級の経営や授業に、そして保護者や地域に大きな影響を与えています。

しかし、私も含め、それをきちんと認識し、次々に押し寄せる問題に適切に対応できず、後手に回ってしまうことが多いように思います。学校運営の「かくれたカリキュラム」に光を当てることで、後手に回り、知らないうちに傷ついてしまう仲間が少しでも少なくなればと願っています。

本書を執筆し始めた頃、『授業力&学級経営力』二〇一五年一二月号（明治図書）において、「かくれたカリ

キュラム」特集が組まれました。発刊されてすぐ、宇佐美先生にお送りしたところ、次のお返事をいただきました。（一部抜粋）

> 「かくれたカリキュラム」を事後的に（実践後に）発見・指摘するという力点が強すぎます。
> 計画・目標化という事前の段階での意識のあり方がもっと研究されるべきだと思います。
> 言いかえれば、いわゆる「脇の甘さ」を無くす努力です。私の『大学の授業』で論じた「説明し得ること（言い訳可能）」＝アカウンタビリティを予め最大にする努力です。日頃の生き方の問題です。意識の死角を作らないようにする努力です。

目が覚める思いでした。学校運営で後手に回らないためには、「説明し得ることを予め最大にする努力」が、学級経営や授業以上に必要なのだ、と思いました。宇佐美先生は、次のように書かれています。

> 要するに、授業の運営は正当な理由によって行われなければならない。学生の遅刻を許さないのも、遅刻したら最前列に座らせるのも、正当な理由によってのことである。
> 言いかえれば、授業では理由のつく状態を確保しなければならない。要するにアカウンタビリティ（accountability）の確保である。形容詞"accountable"の語義は"that can be explained"（*The American College Dictionary*）である。「説明がつく」である。「論理的な」である。他の言い方をすれば「申し開きが立つ」であり、「どう攻撃されても防衛力がある」である。
> 授業は、このような論理性で充たされていなければならない。

宇佐美寛著『新訂版　大学の授業』（東信堂、二〇一二年、一八ページ）

右の「授業」を、「学校運営」と読み替えても同じです。管理職や主任は、予測・予備・予防力を磨き、日常の判断や行動に「かくれたカリキュラム」を働かせないよう、「説明のつく」実践を目指すべきです。そして、大量退職時代に備え、その知見を若手に伝えていかなくてはなりません。

本書では、学校の日常の中から問題をはらんでいる場面を切り取って（前著で提案した「きくかけこ」の「き〜切り取る」です）、提示します。実は、日常の中から「切り取る」のが一番の難関です。学校の風景は刻々と流れ、見えにくいところに「かくれたカリキュラム」が働いていますから。しかし、まず私が切り取った場面について考えていただければ、やがて自分の学校の風景から切り取り、行く先を予測することができるようになるでしょう。読者の皆さんには、各場面のどこが「説明がつかない」のか考え、自分がその場にいたならどうするか、と考えて読み進めてほしいと思います。

第1章では環境や子供への指導場面、第2章では会議や教職員がチームとして動く場面、第3章では保護者や地域との関わりの場面の中にある「かくれたカリキュラム」に光を当てます。

第4章では行政や教員養成大学と学校が関わる場面の中にある「かくれたカリキュラム」を扱います。これは、学校現場が直接改善できるものではありません。しかし、似た場面に出合った際、アンケートに現場からの改善要望を書くなどしていただければと考えて設定した章です。

ここまでは、前著と同じく奇数ページに「問題」、裏面に「解説」を配しています。

「解説」のページは、左のような書き方になっています。

その選択や無意識の言動　を　子供・保護者・地域・職員はこう受け取る

●　○○○○○○○○○○　→　○○○○○○○○○○

これに続けてその状態を「説明のつく」ものにするにはどう考え、どう行動すべきかを述べています。私の実践も紹介しています。一つの考え方・実践例としてお読みください。

第5章では、「脇の甘さ」をなくし、予測・予備・予防力を磨くために、管理職や主任が日頃から心がけるべきことを提案しました。

第6章は、前著に引き続き、武藤久慶氏に「学び方の指導の欠如」に潜む重大な「かくれたカリキュラム」に光を当てていただきました。

本書をきっかけに、読者の学校が、より生き生きとしたものになったとしたら、著者としてこれ以上の喜びはありません。

最後になりましたが、本書は明治図書編集部の松川直樹さんと木山麻衣子さんの強い勧めでまとめることができました。心から感謝いたします。ありがとうございました。

では、御一緒に考えていきましょう！

平成二八年三月　書斎にて　横藤　雅人

備考：

①本書では副校長や教頭をまとめて「教頭」と書いています。学校の実情に応じて、読み替えていただければと思います。

②本書は二人の著者（横藤・武藤）で分担して執筆していますが、全体として著者二人で読み直し、それぞれが気付いたことを伝え合い、内容を改善することに努めました。ただし、最終的な文責はそれぞれにあります。

③本書中に「本校」とあるのは、執筆時に私が校長として勤務していた北海道北広島市立大曲小学校のことです。本書が刊行される頃は、私は定年退職を迎えている予定です。私が在職中に大曲小学校において行った学校経営や授業実践については、『日常授業の改善で子供も学校も変わる！学力向上プロジェクト』（明治図書刊「味噌汁・ご飯」授業シリーズ　二〇一四年）に詳しく紹介しています。併せてお読みいただけると幸甚です。

④前著『その指導、学級崩壊の原因です！「かくれたカリキュラム」発見・改善ガイド』と同じく、本書の印税の全額を北海道児童養護施設協議会に寄付いたします。

目次

第2章 「チーム学校」を阻む「かくれたカリキュラム」――39

第3章 保護者・地域の信頼を損なう「かくれたカリキュラム」――65

第6章　学び方は指導されているか？――　120

第１章
環境や指導に関わる「かくれたカリキュラム」

ここでは、子供たちへの不適切な指導場面を取り上げました。

どの場面も、放置しておいたら大問題に発展する危険をはらんでいるのですが、分かるでしょうか？

描かれた場面での判断にはそれなりの根拠があるのかもしれません。「よかれ。」と思い、あるいは「今は仕方ない。」と判断したのかもしれません。

しかし、これらの不適切な判断に対し、管理職や主任は、「まあ、それも分かる。」などと物分かりよくしてはいけません。「なんとなく。」とか「今までそんなに問題にならなかったから。」「前の学校がそうだったから。」「他の学校だってそうだから。」など、話にならない言い分を認めてはいけません。

その判断や根拠を凌駕するだけの考えを示し、具体的に改善するように指導するのが、管理職や主任の責任なのです。

不適切な判断を見逃すと、教職員や子供たちから元気がなくなっていき、学校は、静かに崩壊に向かっていきます。

以下、八つの場面を提示します。

自分がその場にいたら、どう判断し、どう行動するだろうかと考えてください。

1 荒れた学習環境

問題

転勤してきた二十代のA先生が、学年主任のB先生に校舎を案内してもらいました。

理科準備室に入ったところ、その乱雑ぶりに驚きました。棚にも机の上にも実験道具が乱雑に置かれています。床には未開封・開封、混在した段ボール箱が積み上げられ、それらをまたがないと歩けません。高い棚の上には、落ちそうな段ボール箱。そこからは、なぜかジャージがはみ出しています。

「なかなかすごいですね……。」

とB先生に問うと、

「そうなんだよ。もう何年も前のものがあって、手が付けられないのさ。生徒もちゃんと片付けられないしね。」

と笑いました。

B先生はA先生に何を教えたのでしょう？

解説 1 荒れた学習環境

●手が付けられない ➡ 誰のものか分からないものには、手や口を出すべきではない。
●生徒も片付けられない ➡ この学校の生徒はだらしないが、放置しておいていい。

問題のある学校は、必ず環境が荒れています。特別教室などは目を覆うばかりです。それは、関わる職員の心が荒れているからです。

B先生が示したのは、説明のつかないことは他人のせいにする方がいい、面倒そうなことはそのままにしておいた方がいいという「かくれたカリキュラム」です。

A先生は「学校というところはこれでも許されるのだ。教師という人たちはこういうものなんだ。」とスムーズに学んでしまうかもしれません。そして、この先長いA先生の教師人生は、仕事に線引きをし、互いのことには口も手も出さ（せ）ない職員集団の一員となり、悪いことは生徒のせいにしたりするものになってしまうかもしれません。A先生は、やがて生徒や保護者からの信頼を得られず、批判・反発される先生になっていくことでしょう。

若いA先生が正義感を発揮して、B先生や学校全体のあり方に反発するならまだいいのですが、こんな学校では職員の中で孤立してしまう可能性も大きいでしょう。

「初任者の教師人生は、最初の学校で決まる」と言われます。このような「かくれたカリキュラム」によって、無力な学校観・指導観に染まる若手が一人もいないことを祈ります。

2 校内放送で流行歌

問題

給食時間、「今日のお昼の放送は音楽鑑賞です。静かに聴きましょう。」というアナウンスの後に、流行歌が大音量で流されました。

それを聴いている職員室の教職員や各教室の担任は、何も問題を感じていないようで、平気で給食を食べています。

さて、このことは放送委員会や全校の子供たちに、何を教えていますか。

解説 2 校内放送で流行歌

●校内放送で流行歌 ↓ 食事時にふさわしい雰囲気をつくる必要はない。

テレビやラジオなら、聴きたくない場合は自分でスイッチを切ることができます。しかし、校内放送はそれができません。校内放送は強制なのです。それなのに、この学校の放送委員会の子供たちには、校内放送の意義、放送委員会の役割、放送内容選定の規準、放送にあたっての態度などが、きちんと指導されていません。

しかも、それを学校中の教職員が聞いていて何も言わないということは、子供たちは「学校では、こんな曲をかけてもいいのだ。」という「お墨付き」を得たと受け取ります。そして、「学校全体のことを考え、食事にふさわしい雰囲気をつくる必要はない。」ということを学びます。さらには、流す音楽のリズムやテンポ、歌詞の内容が、食事にふさわしいかどうかを吟味させないことが、「時や場面に合わせて行動する」ことを否定してしまう危険性もあります。流行歌には、性的・暴力的・退廃的な内容の歌詞も多く、それを繰り返し子供たちに聴かせることは、性的関心を煽ったり、暴力的な問題解決を促したりする「かくれたカリキュラム」となる危険性もあります。小学校では、幼い一年生と思春期の入り口にある高学年が同じものを視聴することに問題がある場合も少なくありません。

また、放送委員の子に「持っているCDをかければいい。」という安易な選択の習慣や、「自分が好きな音楽は自由に流してもいい。」という特権意識を育ててしまう危険性もあります。

このようにまったく説明がつかない状態に職員が慣れてしまっているのは末期的です。

3 ルールの不統一

問題

教頭が休み時間に廊下を歩いていると、同じ学年の二つの学級が体育館に移動するところでした。ところが、その方法が学級で違います。

A学級は、廊下に整列して移動しています。
B学級は、三々五々子供たちが移動しています。

教頭はそれに対し、その場でもその後も何も言いませんでした。

①このようなルールの不統一は、子供たちに何を教えていますか?
②教頭の黙認は、子供たちや担任に何を伝えていますか?

解説 **3** **ルールの不統一**

①ルールの不統一が子供たちに教えていること

●学級によってルールは違う　↓　学級のルールは担任一人の判断で変わる。

②教頭の黙認が子供たちや担任に伝えていること

●ルールの違いを黙認する　↓　移動の仕方など小さなことで、何も問題はない。

教頭は、右のように思っているのかもしれません。しかし、時間がたつにつれてこの判断が誤りであったことが見えてきます。こんな小さな（と思いがちな）ことにも、学級崩壊の芽は潜んでいます。

春から秋にかけての子供たちの変化を追ってみましょう。

年度はじめ、二つの学級の子供たちは、移動のルールをどう受け止めるでしょうか。

並んで移動するA学級の子供たちは、たぶん「ちょっと面倒くさいな。」「B学級は自由でいいな。」と思うでしょう。各自で移動するB学級の子供たちは「楽でよかった。」「A学級、かわいそうに。」などと思うかもしれません。

これを見ると、B学級の方がいいように思えます。A学級の子供たちは、担任の選択を少しマイナスに、B

学級の子供たちは少しプラスに受け取っているようですから。B学級の担任は、子供たちと良い関係を築きたくて、また子供たちを信頼しているということを伝えたくて「自由」を選択したのかもしれません。

しかし、これが五月中旬くらいから変化していきます。

A学級の子供たちは、「並んで移動」が当たり前になります。そして、担任の指導が適切であれば、机や椅子の整頓もきちんとしてから素早く並んで移動できるようになっていきます。

反対に、B学級は机や椅子が乱雑になっていき、移動先に全員が揃うのが少しずつ遅くなっていきます。けんかなども頻繁に起こるようになります。

この違いは夏休み前頃には日常的な子供の表情や行動の違い、特にトラブルの頻度の差としてかなり目立つようになります。さらに秋口には遠足や校外学習、学習発表会・文化祭、合唱コンクールなどの行事の場で、誰の目にも明らかな差として表れます。

A学級の子供たちには、笑顔が多くなります。

一方B学級の子供たちは、そうした大きな行事の取組場面で、叱責されることが多くなり、暗い表情になり、靴隠しなども起こりやすくなります。保護者が不満を表し始めたりもします。

それは、二つの移動方法の背後にある「かくれたカリキュラム」がそうさせるのです。

その「かくれたカリキュラム」とは、何でしょうか?

次ページにそれを示しました。少し考えてからページをめくってください。

移動のさせ方に見られる「かくれたカリキュラム」は、次です。

●素早く整列して移動する ↓ 自分のことより、みんなのことを優先して行動すべきだ。
●各自好き勝手に移動する ↓ みんなのことより、自分のことを優先して行動すべきだ。

この「廊下に並んで移動するか否か」にかくれている「行動原理」「規律を重んじる教師の気構え」の違いが、子供たちの心と行動を方向づけ、強化していくのです。

このような違いの蓄積が、誰の目にも見えたときはすでに手遅れです。まず修復できません。修復できるのは、担任が替わったときだけです。

この事例は、B学級担任個人の問題を超えて、学年経営、学校経営・運営の問題と言えます。教頭がそれを見逃してしまったことが、事態の悪化に拍車をかけています。

最後にこの問題の前提に関わる大問題を付け加えておかなくてはなりません。

それは考えるだけでも恐ろしいのですが、「教頭は、廊下で二つの学級の様子を見ていたが、その違いに気が付かなかったのかもしれない。」ということです。

管理職や主任がこのように鈍感では、学級・学年・学校が荒れるのは当たり前です。しかし、意外とこれを予測できない人が多いように思います。だから、荒れを予防できず、事態の収拾に追われてしまうのです。ああ、考えたくないです。

4 帰りの会の身支度

問題

前問の類似問題です。

A学級では、子供たちは帰りの会を終えてから身支度をします。

B学級では、子供たちが身支度をしてから帰りの会を始めます。

この違いも、小さいようで、やがて大きな差となって表れます。

①二つの学級には、どんな違いが表れるでしょうか。そして、説明がつくのはどちらでしょうか。

②その違いは、それぞれにどんな「かくれたカリキュラム」があるから表れるのでしょうか。

解説 4 帰りの会の身支度

①どんな違いが表れるか。

身支度をしてから帰りの会を始めるB学級では、子供たちはおしゃべりをしたり、だらだらしたりしがちです。イラストのように帽子をかぶったまま帰りの会に参加する子が出たりもします。

身支度を後にするA学級の方が、素早く揃って帰りの会が始まり、早く「さようなら。」ができます。だから、「身支度は後で」の方が断然説明がつく良い方法です。

②二つの方法の「かくれたカリキュラム」

> **●身支度が先　↓**　みんなのことより、自分のこと（身支度）を優先して行動すべきだ。
> **●身支度は後　↓**　自分のこと（身支度）より、みんなのことを優先して行動すべきだ。

社会全体が「私」の権利や都合を優先する方向に流れている現代では、若手教員も、スポーツやサークルなどをバリバリやってきた人を除き、幼少期から自分中心の生き方になじんでいることが多いものです。管理職や主任はそれを踏まえ、「公」の大事さをよりしっかり意識し、「私」への傾斜を予防するように職員に助言すべきです。

なお、身支度の後で「さようなら。」としても、我先に廊下に走り出るような子もいるものです。そんな場合は、趣意をきちんと伝え、身支度を終えたグループ順に教師に机や姿勢等の点検を受けて「さようなら。」とするなどして、「みんなのことを優先」「机などをきちんとする」を具体的に伝えるのです。

5 飾り物のルール

問題

ほとんどの学級には、学習時のルールを示す掲示物が貼られています。

しかし、「言葉づかいはていねいに」という約束が掲示されているのに、教師の問いかけに「うん。」と応える子がいます。そして、それに何も言わない教師がいます。

「机の上はすっきりと」と掲示されているのに、雑然とした机上の教室も多く見ます。

つまり、その掲示物は、単に格好よく見せるだけの飾り物になってしまっているということです。

①このような飾り物のルールは、「かくれたカリキュラム」として何を子供たちに教えますか？

②ルールが飾り物になってしまっていることに気付いた管理職や主任がすべきことは何ですか？

解説 5 飾り物のルール

①飾り物のルールが教えること

●飾り物のルール　↓　ルール（先生の言葉）は軽い。真面目に守る必要はない。

人間が複数いれば、ルールが必要です。特に未熟な子供たちが集まる学級・学校では、統率者である教師がルールを示す必要があります。だから、年度はじめには、すべての学級でルールの提示と確認が行われるのです。

しかし、ルールは飾り物になりやすいものです。飾り物のルールは教師への信頼と規範意識を損ね、子供たちの心を荒らしていきます。

②管理職や主任がすべきこと

点検と評価による意識の継続を図る。

まず、担任に「しっかりルール指導をしてください。」と指示することです。職員との個別面談時の話題にすることも必要でしょう。しかし、そもそもルールを形骸化させてしまう、一貫性のない、つまり本気になれない教師には、数回の指導では「焼け石に水」です。どうしたらいいのでしょうか？

本校の工夫を紹介します。

一つは、学習のルールを全校で同じものにすることです。

本校では、同じ文言であるばかりか、教室内に貼る位置まで同じです。子供たちは、全校が同じなので、「これは、本当に大事なのだ。」と納得します。担任が少々失念していたとしても、子供たちは「どうしてこんな約束を決めたのかな。」とは思わないので、ルールそのものの価値は保障・継続されます。また、年度が替わっても同じルールが継続して示されることで、特に年度はじめの指導が格段に楽になります。

もう一つは、ルールを定期的に確認・点検するようなシステムをつくることです。

本校では、児童全員に、ルールが書かれた個人カードを持たせます。そして、年度はじめ、学期はじめに、全学級で掲示物とカードにより項目を確認します。その後、年に数回、短時間でカードに自己評価させていくのです。全校集会「一学期振り返り集会」でも点検します。まず全校児童がその場で個人カードに自己評価します。その後、項目毎にできている（と自己評価した）子に挙手を促します。その場で他の学級・学年がどのような達成度になっているかを知ることで、いっそう意識化が進

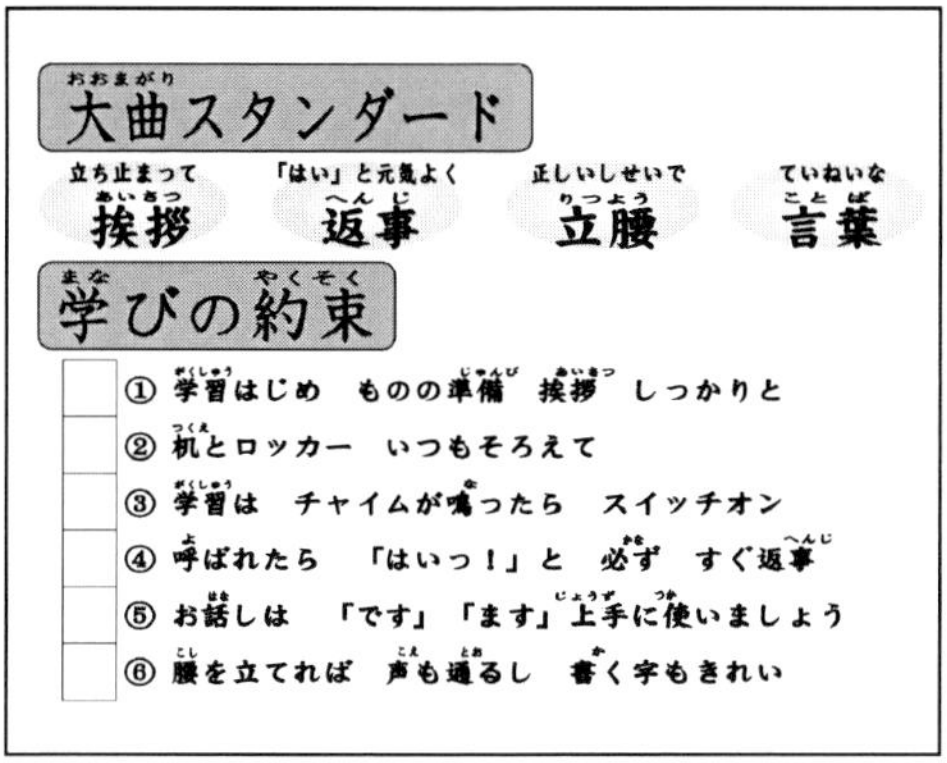

本校の学習規律と点検の様子

みます。

担任は、普段の授業の中でできるだけ頻繁に評価と励ましの声かけを行うようにしています。これがどれだけよいタイミングと頻度でできるかが各担任の挑戦課題となっています。

また、ふた月に一度くらい、教頭ともう一名が授業中に脚立を持って各学級を巡回します。そして、ルールを読み上げ、「これができている人？」と、児童に挙手を促します。学級の九割以上の児童が挙手した場合は、担任に「先生、間違いありませんか？」と確認し、担任からのお墨付きをもらうと、掲示物のその項目に合格シールを貼ります。児童は万歳をして喜びます。翌月には、前月にシールを貼った項目に関しても再度確認します。めったにありませんが、前月に貼ったシールをはがされる場合もあるので、子供たちはけっこうはらはらしながら、この訪問を楽しみにしています。

このように幾重にもルールへの意識を高め、徹底を図る工夫をしていますので、飾り物にはなりません。


規範意識が希薄な社会になっています。その分、学校はルール指導に力を入れなくてはならなくなりました。規範意識が育っている学級は崩れにくく、いじめも起こりにくくなります。

しかし、若手も中堅も、自身の幼少期から青少年期を、規範意識が希薄な中で育ってきています。教師は、ある程度「いい子」として育ってきている人が多いので、きちんとルールを守ろうとしない子のことを理解しにくく、きちんと指導できない人も多いのです。

管理職や主任はこれを踏まえ、そんな教職員をも巻き込んで、規範意識の醸成を図らなくてはなりません。

6 職員室のお茶とお菓子

問題

職員室に入ってきた子が、職員の机上にあったお茶やお菓子を指さして「あっ、いいな！　先生ずるーい！」と言いました。

それを見ていた教頭が、職員会議で言いました。

「休み時間にお茶を飲むのは、できるだけ避けましょう。また、机上にお菓子を置いておくのも注意しましょう。お菓子の包み紙をごみ箱に捨てたりするのもやめましょう。」

さて、この教頭の指示は説明がつくものになっているでしょうか？

解説 6 職員室のお茶とお菓子

●お茶やお菓子は子供に見せないようにする ↓ 問題になりそうなことはかくせばいい。

この教頭のように考えたり指示したりする管理職は、意外と多いようです。

しかし、職員室でお茶を飲んだりお菓子を食べたりすることは、悪いことなのでしょうか?

私は、お茶やお菓子はよい仕事をするために必要な「潤滑油」なのだと思います。それを、こそこそとかくすのはおかしいことです。


私は、職員室で「お菓子、いいな~。」と言う子には、「いいだろう! 君も先生になったらいいよ。」と応えるようにしています。何も問題は起こりません。

もちろん、これ見よがしにお菓子を食べるのは論外ですが、堂々としていればいいのです。大人と子供は違うということを、自然に表していればいいだけなのです。こそこそするから、余計な「かくれたカリキュラム」が働き出すのです。

この教頭の指示通りに机上のものをかくしたとして、もしそれを子供たちが見つけたら、そこから何を学ぶでしょうか?

そう、「先生は、ごまかす人たちなのだ。」と学ぶのです。こっちの方がずっと怖いと私は思います。

7 学習に取り組めない子への指導

問題

若いA先生の学級に、漢字テストでどうしても点が取れない子がいます。「家で練習しておいで。」と言ってもまったくしてきません。

困ったA先生が学年主任のB先生に相談すると、「ああ、ウチにも何人もいる。この前、『学級通信にやってこない子の名前を書かないといけないかな～。』と脅したら、少しやってくるようになった。とにかくがんばらせましょう。」と答えました。

さて、このB先生の言葉は、A先生に何を伝えますか？

解説 7 学習に取り組めない子への指導

●「がんばらせましょう。」→ その子は怠け者なのだ。強く脅すしか方法はない。

Ｂ先生のような主任がいないことを心から祈りますが、似た事例はたまに見聞きします。「とにかくがんばらせよう」というＢ先生のアドバイスからＡ先生が学ぶのは、点が取れないという表れの原因をすべて子供に帰し、教師としての専門的な理解や子供に寄り添った具体的な指導方法の探究を放棄する発想と姿勢です。

主任や管理職は、それとは逆の存在であってほしいものです。

私がＢ先生なら、まずはタブレットなどを持って、Ａ先生の授業や個別指導を見に行き、その子のノートや作業を撮影・録画します。そして、放課後に撮影したものをもとに具体的にその子の学びを探ります。

例えば、漢字がうまく書けない子には、次のような発達の凸凹があるのかもしれません。

①教科書の文字列の中から、特定の漢字を選び出す力が弱いのかもしれない。
②空間のとらえが弱く、漢字の認識が困難なのかもしれない。
③短期記憶の力が弱いのかもしれない。
④いじめや虐待などに遭っており、精神的に不安定なのかもしれない。
⑤視覚認識が弱く、教科書の文字の大きさやノートのマス目が合っていないのかもしれない。
⑥分解や合成の力が弱く、画数の多い漢字に太刀打ちできないのかもしれない。

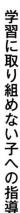

⑦認識はできるが、不器用あるいは手の筋力が弱いため、書くことに抵抗があるのかもしれない。
まずは、その子がこれらの仮説に当てはまらないかを、A先生と共に考えてみます。そして、思い当たる仮説があれば改善案を提案し、働きかけてみるように助言します。


私がかつて受け持った子は、教科書を見てノートに練習することはできませんでしたが、ノートの一番上のマスに私がお手本を書いてやり「この下に練習してごらん。」と言ったところ、家でびっしりと練習してきました。それを見て驚いた保護者が、同じようにお手本を書いてやると、やはり意欲的に練習しました。これは、③のケースだったということでしょう。つまり、教科書とノートの距離（約30㎝）ではこの子の短期記憶が追いつかなかったのが、ノートの同じ行にお手本がある（約1㎝から順に遠くなって15㎝くらいまで）ために短期記憶が追いついたのだと思われます。また、他の文字の中から目指す漢字を選ぶのは難しくても、同じ行の最上部に、色の違う漢字が書かれているために、集中できるという①の要素もあったと思われます。

別の子は音読も苦手だったため、教科書を拡大コピーして与えてみました。すると、かなり集中できるようになりました。これは⑤のケースだったということです。そこで、その後は拡大教科書（視覚障害者用の大判の教科書）を使わせたところ、音読にも漢字の練習にも意欲的に取り組むことができました。

この二人の子への補助（お手本を書いてやるとか、拡大教科書を使うとかしたこと）が必要だったのは、一時期だけのことでした。やり方を学び、自分の力への自信を回復したこの子たちは、やがて他の子と同じように教科書による漢字練習ができるようになったのです。お手本や拡大教科書は自転車の補助輪のようなものだったのでしょう。

また、別の子は、一学期の初日から表情が暗く、ノートや図工作品など学習への取組や身の回りの整頓などのすべてが雑でした。休み時間も、一人でぼうっとしていることが多かったのですが、家庭訪問で、父母が離婚調停中で、毎晩のように怒鳴り合い、時には暴力沙汰になることもあると聞いて、その子の切なさと苦しみが分かった気がしました。そこで、休み時間には手つなぎ鬼に誘い、手をつないで走るようにしました。やがて、家庭の状況も良い方向に向き、子供らしい笑顔が見られるようになり、学習への取組にも目を見張る変化が出てきました。これは④のケースです。

前向きに学習に取り組ま（め）ないということは教師に対するSOSのメッセージであることが多いのです。安易に「脅してでもいいからがんばらせればいい。」という粗雑な指導観を若手に伝えてしまわないように気を付けたいものです。

もちろん、先に挙げた①～⑦に当てはまらないこともあるかもしれません。そんなときでも、管理職や主任は、どこまでも子供の側に立ち、注意深く観察し、⑧、⑨…を共に考え、効果的な方法を探る存在でありたいものです。

座席の配置一つ、教師が薄く書いてあげる補助線一つ、子供の肩にそっと置く教師の手の温もり一つで取り組めるようになる子はたくさんいます。その子その子に合った配慮や方法を、若手と共に探すのは楽しいものです。そして、それが的を射ていたときに見られる子供の表情の輝きが、若手を元気にし、管理職や主任への信頼を厚くしていくのです。

8 他の教師の指導に

問題

学年チームで指導しています。若手のA先生が、子供たちに一生懸命に話しています。他の先生たちは、子供たちの側で見守っていましたが、A先生の話が長く、分かりにくいため、子供たちの身体がそわそわと動き、私語も出始めました。

さてどうしましょうか。

①A先生に任せたのだからその場でも後でも何も言わない。
②子供たちを注意する。
③「代わろう。」と、指導者を代える。

これらは、どれもよくない関わりです。それぞれに「かくれたカリキュラム」があるからです。それはどんなものでしょうか？

また、これに管理職や主任はどう関わるべきでしょうか。

解説 8 他の教師の指導に

三つの方法には、次のような「かくれたカリキュラム」があると考えられます。

①何も言わない ↓ 他の先生は、A先生の指導に問題を感じていない。

子供たちのためにも、A先生のためにも、そして学年チームのためにも、もっとも残念な選択です。周りの先生たちが黙っているということを、子供たちは「A先生の指導には何も問題はないと『お墨付き』を与えているのだ。」と受け取る可能性が高いのです。そして、「A先生の指導を、ちゃんと聞けない自分たちは、良くない子なのだ。」という見方をさせてしまいかねません。

また、A先生には「話し方はこれでいいのだ。」と思わせ、効果的でない指導を定着させてしまいかねません。

例えば、学年主任がこのような状態を放置すると、周りの先生たちは、「若手の不備に対して口を出すべきではない。」と思ってしまいます。

しかし、現場ではこれがけっこう多いように見受けられます。

②子供たちを注意する ↓ どんなつまらない話でも我慢して聞くべきだ。

現代っ子は、姿勢を保持する筋力がひ弱です。だから、いい姿勢を保たせることには教育的な意味があります。また、一生懸命に話している人への礼儀を大事にするという作法指導にも意味があります。武道の道場に通い始め、正座を覚え、きちんと礼をするようになった子が、学習にも集中できるようになるのは、その好例です。

だからと言って、つまらない、分からない話にただ我慢を強いていいとは言えません。

子供たちだけを注意するのでは、教師（集団）への不信感や不満が積もります。荒れる学級・授業の教師は、必ず話が「長い」と感じられるのです。

まずは、指導のプロである教師が、子供たちが集中できるような話の組み立てと話し方を工夫すべきです。

③指導者交代　➡　A先生（若手）は力量が低くて頼りにならない（と他の先生から思われている）。

これは、よほど日常の教師間、そして子供たちと教師チームの人間関係がいい場合を除き、避けた方がいいでしょう。子供の目に、教師集団が階層構造、または差別構造として映る危険性が高いからです。

もちろん、子供たちは教師の年齢差や経験の差、個性、得意分野などといった要素で、教師集団に階層構造があることを感じています。だからなおさら、主任以上は若手に対して思いやりのある接し方を見せるようにしなくてはなりません。子供たち同士の関わり方のモデルにもなるからです。

そのような配慮を欠いて、教師間の階層構造をもろに見せてしまうと、子供たちはそこから若手教師に不信感をもったり、馬鹿にしたりします。子供間のいじめの構図を強化するおそれもあります。管理職や主任に反発することもあります。

というわけで、選択肢では、②が少しだけ「まし」ですが、どれも不適切な「かくれたカリキュラム」です。

では、管理職や主任はどう関わるべきなのでしょうか?

何と言っても、A先生と共に「事前に準備・練習」することです。予防こそ最善の策です。学年会（打合せ）等で、分担を決める際に、説明のポイントを箇条書きさせるとか、出だしだけでもいいので、模擬指導をしてみせる、させてみるのが効果的です。主任が率先して、「自分だったらこんな感じで話すよ。」などと見本を示すことができれば、若手はどんどん力量を上げていくことでしょう。また、若手の主任への信頼感が厚くなっていくことでしょう。

事前にできなかった場合は、せめて「今日の話は、子供たちにはここが分かりにくかったね。」など、具体的に優しく事後指導したいものです。

放置しておいては、若手は育ちません。

第2章
「チーム学校」を阻む「かくれたカリキュラム」

「チーム学校」という言葉をよく目や耳にするようになりました。中教審答申で打ち出されたもので、校長のリーダーシップのもと、職員が一丸となって学校運営を進めていくことの大事さを表したものです。教育が困難な現代に必要な考え方だと思います。

職員室には、様々な職種・年代・性別・個性の職員がいます。それぞれがよさを発揮しつつ、協力して学校づくりにあたることができるかどうかは、日常的な人間的な触れ合いや意思の疎通ができているかどうかに大きくかかっています。管理職や主任の日常的な判断や何気ない一言もとても大事です。職員会議や研修会といった会議のあり方も大きな要素です。

しかし、会議や研修会がうまく機能せず、意思の疎通や統一がうまくできないという悩みを、よく見聞きします。また、会議や研修の場で確認されたはずのことが、きちんと実現できなかったり、矮小化されたりしてしまうことも、よく見聞きすることです。その結果、学校として説明がつかない事態を招いてしまうのです。

ここでは、七つの場面を通して「チーム学校」の実現を阻んでいる「かくれたカリキュラム」について考えてみましょう。

1 教育目標が言えない

問題

着任したばかりの校長が、最初の職員会議でにこやかに問いかけました。

「皆さんで力を合わせていい学校をつくりましょう。ところで、本校の教育目標は何ですか？」

職員は互いに顔を見合わせ、「何だっけ？」。

誰も答えられません。

職員室内の掲示物を目で探す職員もいますが、あいにく教育目標は掲示されていません。校務運営の冊子をそっとめくった職員が、近隣の職員に「あ、これだ。」と示しますと、「へえ、そうだったんだ……。」小さな苦笑が広がりました。

さて、このような教育目標を誰も意識していない状態の「かくれたカリキュラム」とは？

解説

① 教育目標が言えない

●誰も目標が言えない　➜　目標などお題目に過ぎない。チームとして同じ目標に向かう必要はない。各学年や校務部は前例踏襲で業務をこなせばいい。

実は、この事例は本校のものです。

着任初日の数分で、あまり生き生きとしているとは言えない職員の表情から「教育目標が飾り物になっているのではないか？」と感じて問いかけてみたのでした。

統一性のなさは、校内掲示からも感じられました。例えば、教育目標は職員室内には掲示されていませんでした。校長室と一部教室、そして体育館には掲示されていましたが、そのどれもが微妙に文言が違っていました。

○元気な子
○元気な子ども
○元気な子の育成

のように。これでは、とても意識することなどできません。むしろ「意識させない」という「かくれたカリキュラム」になっているとさえ思いました。

さて、問題場面の続きです。

私は質問を変えました。

「では、質問を変えます。『目的』と『目標』という二つの言葉があります。どちらが、上位概念ですか？」

挙手してもらいますと、「目標」の方に多くの手が挙がりました。

（読者の皆さんは、どちらだと思いますか？）

私は続けました。

「上位概念は『目的』です。『的』に向かって、いくつかの『標《しるべ》』を通過して進んでいくのです。では、教育の目的とは何でしょうか。それは、教育基本法第一条に書かれています。『教育は、人格の完成を目指し、平和で民主的な国家及び社会の形成者として必要な資質を備えた心身ともに健康な国民の育成を期して行われなければならない。』（ゆっくりと暗唱してみせました）とあります。この『目的』に向かって、地域性やこれまでの伝統、取組、実態などから、こんな『標』を立てましたというのが、各省庁や市町村、そして各学校の教育目標なのです。今、誰も教育目標を言えなかったということは、教育目標が飾り物になっているということです。単に教育目標を諳んじていればいいと言うのではありません。『うちの学校が目指すのはこれだ！』というところから、その場その場の子供たちの動きや各学年、各校務部の判断や動きを統一的に実践したり修正したりしていくのが、真のチームなのです。私は、そんな学校をつくっていきたいと思います。そのためには、来年あたり、思い切って教育目標を変えてもいいかもしれませんね。」

学校は、多忙なためにそれぞれが経験に頼ってバラバラに動きやすく、また前例踏襲が起こりやすいところです。しかし、個業化と前例踏襲は、組織弱体化の元凶です。そこで、教育目標の意味や意義を押さえ、学校経営方針と各部の運営方針と企画、各学年の経営方針と学級経営・学級指導・教科指導、部活動指導などが一本の筋としてつながるようにしたいと考えたのです。

学校経営、学級経営、学年経営、教科経営……。これらの「経」は、ひと文字で「たていと」「おおすじ」

と読みます。織物の縦糸がその織物全体を貫くように、学校の教育目標がすべての運営の具体に一貫していなくてはなりません。（だから学校運営にも「織物モデル」がぴったりだと思います。）

都道府県の教育目標、市町村の教育目標、重点目標、キャッチフレーズなどが幾重にも重なった下に、似た言葉の、しかもよくつながりが分からない学校の教育目標、さらにその下に重点目標、キャッチフレーズ……などが書かれている掲示物をよく目にすることがあります。これでは縦糸が多すぎます。

目標すなわち縦糸は、示すものを厳選して、すっきりさせるべきです。重点目標などはない方がいい場合がほとんどです。

全職員で力を合わせ、教育目標を掛け替える

本校では、このようなことから縦糸を通し、二年後には教務主任が中心となって教育目標を変えました。重点目標などはカットし、シンプルなものとしました。そして、全学級、校長室、職員室、体育館、廊下に同じデザインのものを掲げました。この作業も、組織の活性化に一役買ったと思います。

その後は、折に触れて子供たちに唱えさせ、今ではすっかり定着しています。

2 判断のスルー

問題

保護者から、若手のA先生に相談の手紙が寄せられました。教頭に相談すると、「う〜ん、これは校長に聞いて。」と手紙を返し、再びパソコンに向かいました。

そこで、A先生は一人で校長室に向かいました。

この教頭の行動は、A先生（や他の教職員）に何を伝える「かくれたカリキュラム」でしょうか。

解説 ❷ 判断のスルー

●「校長に聞いて。」→ 校長と教頭は、共通の考えではない。それを目指してもいない。
→ やっかいな問題は、誰かに回すといい。

教頭業は、多忙を極めます。だから、やっかいなことは「暇そうな」校長に回したいと思ってしまうのも人情として分かる気がします。

しかし、教頭にこのような判断のスルーをされたA先生やそれを見ていた他の教職員はどう思うでしょうか。教頭は、「職員室担任」です。担任や担当者は教頭が親身になって相談に乗ってくれることを期待して相談しています。スルーされては、失望してしまうでしょう。これは、組織を内側から崩壊に向かわせます。また、若いA先生が「やっかいな問題は、誰かに回せばいいんだ。」と学んでしまう危険性もあります。

教頭はどうすべきだったのでしょうか。

私なら「一緒に校長に聞きに行こう。」と言います。

読者の皆さんなら、どうされますか?

なお、事例とは反対に、問題が教頭のところで止まってしまい、校長が知らなかったというのも困ります。相談した保護者が、教頭で情報が止まっていることを知り、「校内の意思疎通がうまくいっていないのでは。」と感じるようでは、外側からの組織崩壊に結びつきます。これは危機管理の問題でもあるのです。

3 職員会議の司会

問題

職員会議で若手のA先生が司会をすることになりました。定刻になりましたが、来ていない教職員が数名います。

そこで、少しの間待っていました。

全員が揃ったのは、定刻から一二分後でした。

そこでようやくA先生は、下のように司会を始めました。

（よく、A先生の言葉をお読みください。）

さて、この事例に見られる「かくれたカリキュラム」とは何でしょうか？

みなさんお揃いでしょうか？
それでは、そろそろ○月の職員会議を始めたいと思いますが、よろしいでしょうか？

解説 ❸ **職員会議の司会**

①遅刻者を待つという判断に「かくれたカリキュラム」

●遅刻者を待つ ↓ 会議の開始時刻は守らなくてもいい。時間を守ることより人が揃うことの方が大事だ。

人の世に、時間ほど公共性の高いものはありません。

会議の開始時刻を守るのは、組織運営の鉄則です。

時間をいい加減にすると、その組織のすべてがだらしなくなっていきます。時間を守らない人が咎められず、きちんと時間を守っている人が待たされることが続くと、会議が定刻で始まることはまずなくなります。

そして、これはその他のルールや整理・整頓、服装、長幼の序などの人間関係、危機管理などのすべてに悪影響を及ぼしていくのです。

会議は定刻で始めるべきです。管理職や主任は黙っていないで、A先生に開始を指示すべきでした。定刻開始を続けていれば、それが当たり前になっていきます。徐々に職員の段取り力も身についていきます。

②長い司会の言葉の「かくれたカリキュラム」

●司会の言葉が長い ↓ 会議は効率的に進める必要はない。

みなさんお揃いでしょうか？
それでは、そろそろ○月の職員会議を始めたいと思いますが、よろしいでしょうか？

例えば職員室がざわついているときに、わざと「えー……。」など冗長な間をとることは一つの有効な司会術です。しかし、待っている人がいる中での上のような言葉は、「無駄に長い」としか感じられません。ここには、次のような不備が満載です。

言葉が長いことと丁寧なことの混同。
長くしゃべれば、分かりやすくなるという勘違い。
打診が、人の気持ちを大事にするのだという勘違い。

司会の言葉が長い人は、授業や生徒指導場面でも右のような混同と勘違いを満載にして無駄に長く話し、子供たちをイライラさせ、学級を崩壊に導くことが多いように思います。

追加問題を出します。上にA先生の言葉を再掲しました。無駄な言葉に打ち消し線を引いてみてください。

残るのは、どの言葉でしょうか？

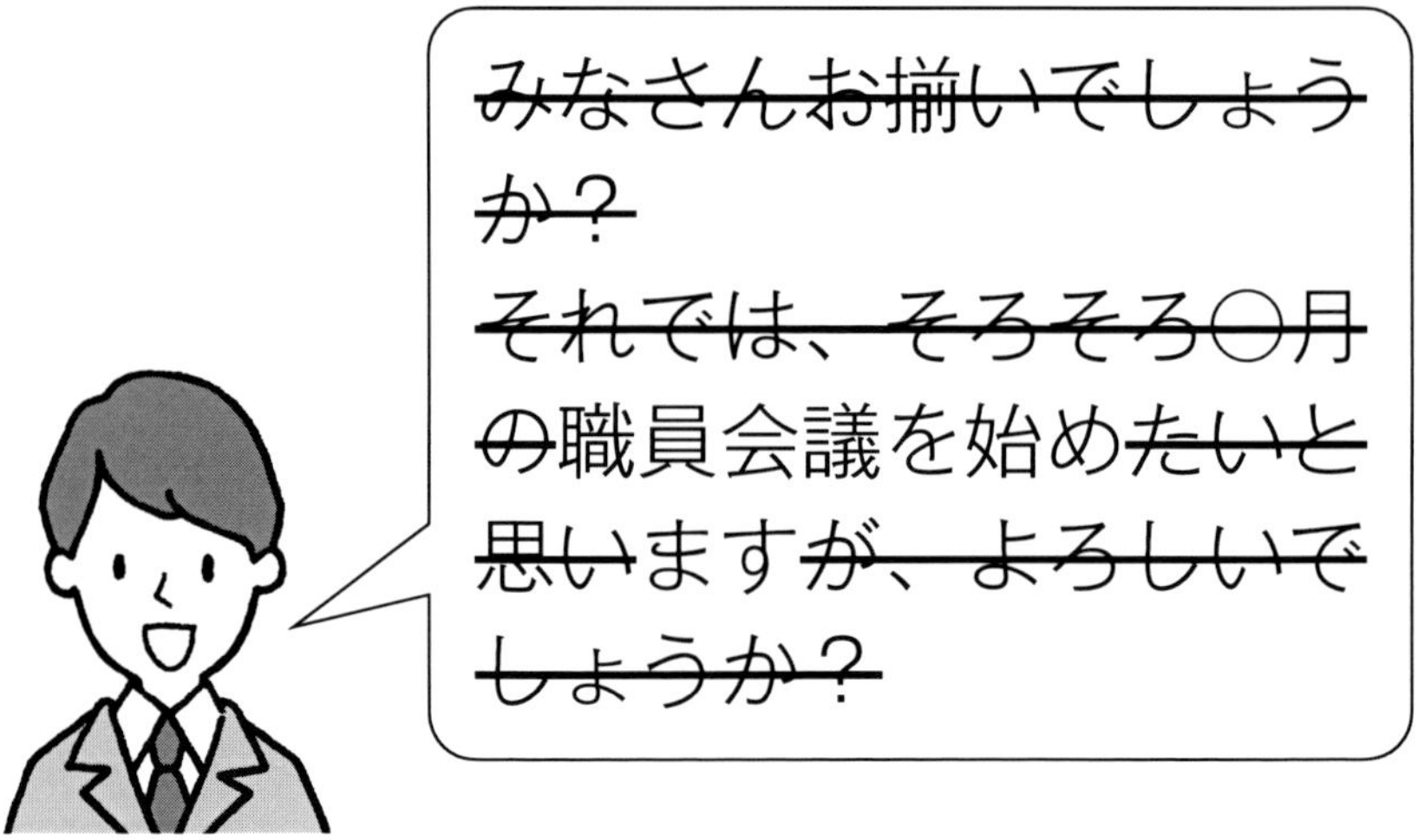
~~みなさんお揃いでしょうか？~~
~~それでは、そろそろ○月の~~職員会議を始め~~たいと思い~~ます~~が、よろしいでしょうか？~~

打ち消し線のところはすべて無駄です。

「みなさんお揃いでしょうか？」→見れば分かります。

「それでは、そろそろ」→無駄です。

「○月の」→全員知っています。

「思いますが」→あなたがどう思おうと関係ありません。

予定されている会議を、予定通り行うのです。

「よろしいでしょうか？」→ダメだという人はこの場にいないはずです。

このように無駄だらけです。残るべきは「職員会議を始めます。」だけです。きっとこんな無駄に長い始まりの言葉を言うA先生は、発言を復唱したり、読めば分かることを言い直したりして、会議の時間を延ばすことでしょう。

定刻を守る。

言葉の無駄を省く。

これで会議が引き締まり、学校改革が進みます。

4 研修会の司会

問題

校内研修会で、授業検討をしました。

授業者が反省を述べた後、司会者が言いました。

「指名はしたくありません。どなたか、口火を切ってください。」

ところが、誰も発言しようとしません。何を話せばいいのかがよく分からないからです。

そこで司会者はにこやかに「いかがでしょう。感想でもかまいませんので……。」。

しかし、「感想でもと言われても……。」と戸惑ってしまい、相変わらず誰も発言しようとしません。

沈黙の時間が一秒一秒と過ぎていきます。

このような司会に「かくれたカリキュラム」とは？

解説 4 研修会の司会

●指名しない・感想を促す ↓ 思考の深まりより参加者の気軽な発言を尊重すべきだ。

これは、授業検討の場なら授業者に、学習会なら提言者にとても失礼で無駄の多い司会の仕方です。しかし、よく目にします。司会者が「自分は参会者の自主性を尊重し、気軽な発言を促している。」と思い込んでいるのですから始末に負えません。これを若手が「司会はこうするものなのだ。」と学んでしまったとしたら、その学校の研修の質はどんどん落ちていくことでしょう。

司会とは、会を司る〈支配する。統率する。〈広辞苑〉〉のです。無駄な時間をつくらず、意図的に指名し、参加者の気付きを引き出し、異なる見方を整理し、真剣かつ楽しい雰囲気の中で、「よし、明日からやってみよう。」と元気が湧いてくるような知見を得るために、場の中央に位置するのです。司会を引き受けたということは、身を挺してその責務を負ったということなのです。この司会者は、それが分かっていないのです。

司会術は、研修の質を大きく左右します。

職員会議や研修会の司会で無駄な言葉が多い人や沈黙をつくってしまう人は、授業も必ず下手です。反対に、司会がうまくできるようになると、授業や学級経営の力量も上がってきます。

あなたまかせ・思いつきの話し合いを廃し、生産性の高い話し合いを実現する司会を目指しましょう。

例えば、授業検討の司会としては、次があります。（写真はすべて本校のものです。）

（1）授業の評価を数値化し、成果と課題を引き出す

①授業検討の視点を、二、三、板書しておく。
②「それぞれの視点は、そのまま授業の評価基準でもあります。各視点について五段階評価してみましょう。」参加者が評価したら、その分布を確認し、その得点の根拠を交流する。
③得点を一ポイントでも高めるには、どうすればいいのか、発問や板書などの代案を参会者に発表させる。
④助言者は、②や③について、その適切さを評価し、さらに高次または新たな視点の知見を提示する。

（2）ＫＪ法などのグループワークを行う

①参会者を、三～五人程度の少人数のグループに分ける。
②成果を青の付箋、課題をピンクの付箋、質問を黄色の付箋などと色指定し、各自数分で記入する。
③グループ内で書いた付箋を模造紙などに貼りながら、同じ気付きをまとめてラベリングする。

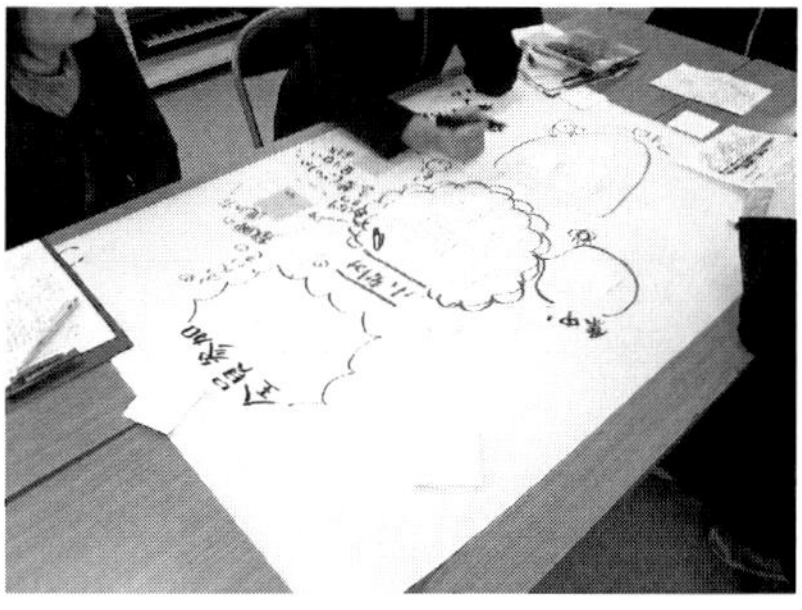
(2)ＫＪ法③　意見をラベリング

(2)ＫＪ法④　模造紙を見せて発表

④模造紙を見せながら、各グループの見取りを発表・交流する。
⑤助言者は、④について、その適切さを評価し、さらに高次または新たな視点の知見を提示する。

（3）ビデオ撮影した授業を再生し、勘所で止めて意見を交流する（ストップモーション方式※）

①授業を撮影し、検討の視点に関わる部分を選ぶ。
②その部分を再生し、参会者が質問したり意見を言いたいところでストップモーションをかけ、発言する。授業者は質問に答える。他の参会者は、適宜代案を示したりする。これを授業の流れに沿って繰り返す。
③助言者は、出された意見の適切さを評価し、さらに高次または新たな視点の知見を提示する。

まだまだあるでしょうが、このような授業の具体に即した検討をすることが大事です。そして、どの方法でも、司会者は身を挺して、参会者の思考の活性化を促すべきです。

※藤岡信勝著『ストップモーション方式による授業研究の方法』（学事出版）を参考にしました。

本校で行われたストップモーション方式の検討会（2014年）
野中信行先生の授業を、堀田龍也先生（東北大学）が解説

5 特別支援学級の位置

問題

あなたの学校では、次のことはどうなっていますか？

①学校要覧等の学級一覧表で、特別支援学級はどの位置にありますか？ 一年一組から始まって最後ですか？　それとも一番上ですか？

②一学期始業式の担任発表は、どの学級からしていますか？

③特別支援学級の子が交流授業や共同の活動で通常学級に行ったとき、その子たちの座席はどこにありますか？　前ですか？　後ろですか？　真ん中ですか？　入り口近くですか？

もし、このような特別支援学級やその在籍児童・生徒の位置があまり考えられていないとしたら、それは「かくれたカリキュラム」として、何を教えていますか？

解説 ⑤ **特別支援学級の位置**

①から③を、管理職や主任に問うと、「あまり考えたことがなかった。」という反応が返ってくることが多く、がっかりします。これは、

●**あまり位置を考えていない** ↓ 特別支援学級への配慮の優先順位は低い。

ということを子供たちや保護者に伝える「かくれたカリキュラム」となってしまっているかもしれません。

特別支援学級は「特別な支援を必要とする児童・生徒を少人数で編制し、各自に合った方法で指導する」ためのものです。その子たちの位置への配慮が欠けているとしたら、単に通常学級から除外しただけと見られてもおかしくありません。これは、極端な場合は、学校全体や保護者、地域に差別的な教育観・人間観を広める危険性があります。差別的な見方はいじめを助長します。ですから私は、盲点になりがちな特別支援学級の位置を重視します。以下、本校の例で解説します。

①多くの学校の学校要覧や学校便り四月号の学級一覧は、一年一組から並び、最後に特別支援学級が配されているパターンが多いようです。本校では、特別支援学級をトップに持ってきています。特別支援学級を「付け足し」として考えてほしくないということを伝える一つの工夫です。

②私は毎日学校を回ります。その際も、靴箱の次に行くのは特別支援学級です。一人一人に合った温かな指導

が展開されている（ことを期待する）特別支援学級に真っ先に行く度に、「特別支援教育は教育の原点だ。」と思いを新たにしています。

③一学期始業式の担任発表も、特別支援学級から始めます。不安に弱く、待てない（と予想される）子供たちの待ち時間を少しでも短くしたいと思うからです。具合が悪くなるなど、不測の事態があったときにも、早めに明らかになった担任がさっと補助に行けます。

④交流学級で学ぶ際、特別支援学級の子の席をどこにするかはとても大事です。一番廊下側や後ろにぽつんと置かれているのを見ると、交流学級と特別支援学級の両担任を呼んで、その根拠を聞いてみます。きちんとした根拠があればいいのですが、出入りしやすいとか片付けやすいといった便宜的な根拠によることもあります。その場合は、できるだけ他の子と関わりやすい場所にするよう助言します。これを黙認すると、特別支援学級の子が、いわゆる「お客さん」になってしまいがちです。「特別支援学級在籍児童・生徒に対する配慮の優先順位は低い。」という「かくれたカリキュラム」となり、差別意識につながる危険性があります。

私は、すべての教員に、若いうちに少なくとも一年は特別支援学級の担任を経験させたいと考えています。少人数の子供たち一人一人の発達特性に応じた柔軟な教材の準備や指導方法の選択を経験しておくことの意義は大きいと思うからです。（私自身は、機会がなく、したことがありません。もし、機会があれば必ず強く希望したことでしょう。）

特別支援学級で授業をきちんとできる力量を身につければ、三三ページで紹介したようなノート指導や拡大教科書の活用なども、自然にできるようになるでしょう。

なお、この考え方は、通常学級に在籍する「配慮の必要な児童」についても同じです。例えば、座席の配慮や、掲示物の視覚刺激を抑えることなどに無関心。話が長い。課題とまとめが正対していない。指示と評価が一致していない。このような学級経営や授業によって、配慮が必要な子供たちは自分が学級に存在していることの意味を見失い、学習意欲を失い、話がきちんと聞けなくなっていきます。「きちんと聞いてもあまりいいことはない。」という「かくれたカリキュラム」が働くからです。なのに、それを子供のせいにして責める教員は、意外に多いものです。

管理職や主任は、日頃から特別な支援を必要とする子への配慮を見せ、平等で温かい接し方を率先してして見せ、その上で若手や無配慮な教員にきちんとした指導・助言をしたいものです。それがあってはじめて、学校全体の子供たちを大事にしていると言えるのです。

6 対教師暴力と不登校

問題

校長の集まりで、一人の校長がため息交じりに言いました。

「うちの生徒に、重役出勤で、給食近くになると登校してきて、授業を妨害する子がいる。他の子をいじめることもあるし、時には我々教師に対して暴言を吐いたりもするし、あわや暴力行為を働くかということも日常茶飯事なんです。」

周りにいた他校の校長は口々に「それは大変だね。」「うちの学校にも似た子がいる。」などと言っていましたが、その中に「遅刻常習、暴言よりも不登校の方がずっとましだね。」という発言が。

さすがに、追随する校長はいませんでしたが、気まずい沈黙が訪れてしまいました。

もし、この校長が学校でもこのような趣旨の発言をしていたとしたら、そこにある「かくれたカリキュラム」が、問題行動への対応を誤らせます。それは何でしょうか?

解説 6 対教師暴力と不登校

●暴言より不登校の方がまし ↓ 問題の程度は「その子にとって」でなく「職員の大変さ」で測るべきだ。

教育困難時代の表れの一つが、暴言や暴力行為の増加です。児童生徒の暴言や暴力行為は、教師の心（時には身体も）を深く傷つけますから、この校長の気持ちが理解できないではありません。しかし、校長がこのような判断基準をもっていると、学校の子供たちや職員の中に、それが広まってしまう可能性があります。

文教大学教授の会沢信彦先生は次のようにおっしゃいます。

〈子どもの不適切な行動の四つの目標〉

アドラー心理学では、子どもにとってのもっとも基本的な欲求は、「集団の中で居場所を確保したい」「大切な存在であると認められたい」という所属欲求であると考えます。そして、子どもが「所属欲求が満たされていない」と感じると、やむを得ず不適切な行動を起こすのだとされています。その際の目標が後述の四つに分類できるというのが、アドラーの高弟であるルドルフ・ドライカースによる理論です。

なお、教室での問題行動であれば、その際の相手役として想定されるのは教師です。そして、相手役である教師がその不適切な行動を前にしたときに抱く感情によって、その目標が判別できるとも考えています。（横藤註―以下項目のみ。原書には、各項目の解説を掲載。）

（1）注目・関心を引く―教師はいらいらする

（2）権力争いをする―教師は腹が立つ

（3）復讐する――教師は傷つく
（4）無気力・無能力を誇示する――教師はあきらめる
会沢信彦・岩井俊憲編著『今日から始める学級担任のためのアドラー心理学』（図書文化社、二〇一四年、二七ページ）

すべての暴力行為や不登校が、ドライカースの理論に当てはまるとは言い切れませんが、これをよりどころとして考えてみることは意義のあることと思います。

右の理論に照らせば、暴言を吐く生徒の心理状態は（2）から（3）にあります。それが、不登校になったとしたら（3）から（4）へと深刻化したということです。これを理解せず、適切な手を打たないままに（4）の極みである「自殺」などへと進ませてしまっては、取り返しがつきません。リーダーである校長が認識を誤ると、担任や担当者は往々にして暴言や暴力を単に力で押さえ込むとか、早々とあきらめてしまうなどし、その子が不登校になると「やれやれ、一件落着だ。」と勘違いするようにさえなります。

もちろん、教師や他の児童生徒への暴言や暴力は、絶対に許すべきではありません。そのためにも校長は（1）の段階で「ルールの明確化・徹底」や「崩れへの初期指導」に心を砕くべきだったのです。しかし、（2）以降に進んでしまう学級や子供はどうしても出てしまいます。そんなときこそ、校長や主任が、リーダーシップを発揮し、チームで乗り越えるのです。本校の事例を一つ紹介します。

四年生担任の若手男性教諭A先生が、学級のB君に「お前なんか嫌いだ。」「死ね。」「消えろ。」と暴言を浴びせられるようになりました。私は、A先生に右の会沢先生の知見を紹介してアドバイスしました。

「今、B君の心は（3）にあるんだよ。でもそれは、A先生が嫌いだからではない。むしろA先生と学級のみんなに認めてもらいたいからそんな行動をとっているんだ。悲しいことにね。自分が学級の中に存在していいかどうか不安なんだよ。だから、安心させてやれば徐々に（2）へ、そして（1）へと戻っていく。だから、まずはB君を安心させてやることだ。明日から一緒に遊ぶ中で、きっかけを見つけては後ろから背中や肩、頭にそっと触れるといい。授業中も、できるだけ先生の手の温もりを伝えるようにするといい。」

翌日から、A先生は素直にこれを実行しました。

二週間くらい後、A先生は明るい顔で校長室にやってきて言いました。

「校長先生、B君が『悪い子』になりました！」

これは、B君が（1）の注目・関心を引いて教師をいらいらさせるような、しかしどこか可愛げのある「悪い子」に戻ったということです。なので、私も、

「そうか！『悪い子』になったか！　良かったな！　おめでとう！」

とA先生と握手しました。もちろんこれは最終的な解決ではありません。しかし、快方に向かっているのは確かです。そのことを喜び合ったのです。B君は、その後かなり落ち着いて年度末を迎えました。また、A先生はこのことから多くを学び、今では頼れる存在として毎日笑顔で勤めています。

現場では暴言や暴力行為、不登校などの問題に直面します。管理職や主任は、そういうことが起こらないように、まずもって予防策を巡らすことです。それでも問題が起こってしまったら、「その子もその教員も大きく成長できるチャンスが来た。今こそチーム力で解決しよう！」と方向性を示し、勇気づけ、具体的な解決策を考え合うことのできる頼りがいのある存在でありたいと思うのです。子供の問題行動や発達障害に関する知見を磨き続けなくてはなりません。そうでないと、子供の問題行動に対する誤った考えを「かくれたカリキュラム」として職員に広めてしまいかねません。

7 学校便りの誤り

問題

教室に職員室から学校便りが届けられました。読んでみると、校長の巻頭言に「役不足ですが、精一杯取り組んで参ります。」とありました。

辞書を引くと、「役不足」は、「①俳優などが、自分に割り当てられた役に対して不満を抱くこと。②その人の力量に比べて、役目が軽すぎること。」（広辞苑）とあります。明らかに間違った言葉遣いです。

若いA先生は「これを生徒に渡してもいいだろうか……。」と悩んだ末に、学年主任のB先生にそのことを言ってみました。するとB先生は、「なるほど。でも、もう印刷しちゃっているね。まあ、気付かない保護者も多いんじゃないの。」と一笑に付しました。

さて、このB先生の判断にある「かくれたカリキュラム」は？

解説 7 学校便りの誤り

●誤字を放置する ↓ 保護者や地域の方は、学校便りをきちんと読んではいない。だから適当でよい。

A先生が、この学年主任の言葉を素直に聞いたとしたら、今後、学校便りだけでなく、各種プリント類に誤字や不備を見つけても同様に判断するようになるでしょう。

しかし、実は「知らぬは先生ばかりなり」で、学校文書の不備が地域の方や保護者、そして子供たちに苦笑されていることは意外に多いものです。これは一つの文書の問題に留まりません。子供たちや保護者に「甘い判断の一つの表れだ。」と受け止められ、「学校はいいかげんなところだ。」と思わせる危険性もあります。

私は、自分が毎月書く学校便りの巻頭言原稿を、早めに職員室に回覧し、必ず赤を入れてから戻すようにと依頼しています。まったく赤が入っていないときには「ちゃんと見てくれたの？」と問い直しもします。

「人はとことん信頼し、仕事はとことん疑おう。」が、本校職員室の合い言葉です。教頭や教務主任には、「私を支えてくださいね。でも、それは私の言うことをそのまま聞く『順臣』としてではなく、私の不足をきちんと指摘する『忠臣』としてであってください。」と言っています。

教頭や主任は、校長の文章にも赤を入れたり、判断に苦言を呈するような頼れる存在であってほしいと思います。また、校長は、赤や苦言に心から感謝できる謙虚さを忘れないでいたいと思うのです。

第3章
保護者・地域の信頼を損なう「かくれたカリキュラム」

保護者や地域と信頼関係を築くことの大事さは、誰も否定しないでしょう。管理職や主任になると、学校の顔として保護者や地域の方と接する機会が増えます。その役割の重要さを自覚し、丁寧に接するように心がけている人がほとんどだと思います。

しかし、本人はそんなつもりはないにもかかわらず、保護者や地域の方から、次のように受け取られてしまう管理職や主任もいるようです。

○上から目線……保護者や地域の方の納得や思いを大事にしないで、学校の事情や立場を押しつける。保護者や地域の方は、「偉そうだな。」と感じてしまう。

○媚びを売る……学校としての責任を明言せず、取組の姿勢を打ち出すこともなく、保護者や地域の方の言い分をただ聞くだけ。「本当に分かっているのか。」といぶかられる。

○逃げ腰……学校の責任が問われそうなことはあからさまに避け、問題が起こったときには少しでも早く切り上げようとする。「逃げているな。」と思われる。

どうしてこうなってしまうのでしょうか。それは、不寛容な時代への認識が弱く、保護者や地域の方の受け取り方の予測が適切ではないからです。そのため脇が甘くなってしまうのです。

学校は、保護者や地域と心通わせ、共に子供を教育するパートナーです。少しの配慮が足りないために、保護者や地域の方に誤解されているとしたら、その損失は計り知れません。

七つの場面で「かくれたカリキュラム」に光を当て、予測力と予防力を高めましょう。

1 参観日の授業

問題

十月の参観日。授業公開が終わると一人の保護者が職員室を訪れ、教頭に言いました。

「四月からずっと教科書を使った授業を見たことがないのです。いつも、プリントか発表会です。今日も、教科書には載っていないクイズ大会でした。子供たちは当たり外れに一喜一憂していましたが、これでどんな学力がつくのかしらと思います。うちの子、あまり学習内容が分かっていないようなので不安です。隣の学級は、きちんと教科書を使ってやっているようですが、学校としての押さえはどうなっているのでしょうか？」

これを聞いた教頭は、困った表情で「う～ん。授業については担任に任せていますので……。」と答えました。

この教頭の対応に「かくれたカリキュラム」とは？

（下のイラストもよく見てください。）

解説 1 参観日の授業

まず、イラストの状況について考えてみましょう。

●保護者は立ち、教頭は座ったまま ➡ 相手（保護者）より自分（教頭）の方が上。

こんなところから、「学校は上から目線」と感じさせてしまいかねないことに、特に主任以上はもっと敏感になるべきです。

この保護者がクレームをつけてきたから、ではありません。「〇〇先生、いらっしゃいますか？」と職員室に見えた保護者に対しても、です。こんなとき、あなたの学校では、対応する教職員が座ったまま、保護者を立たせたままで「〇〇先生ですか？　ちょっと放送で呼びますね。」などとやっていませんか？

こういう場合は、話を聞く方も立ち上がり、「はい。〇〇ですね。今呼び出しますので、こちらに掛けてお待ちください。」のように接しなくてはなりません。（「〇〇先生」などと「先生」は付けてはいけません。）

これは保護者だけでなく、学校出入りの業者さんであっても同じです。

こうしたことは、訪問者に媚びを売るということではありません。「上から目線」と誤解されないための配慮です。「脇の甘さ」の予防です。

こういうことがきちんと自然にできないから、「先生の常識、社会の非常識」などと言われるのです。

この保護者は、教頭の言葉を聞くより先に、「この教頭と話しても無駄かも。」と思っているかもしれません。

次に、教頭の言葉について考えましょう。

●授業は担任に任せている　➜　授業の内容や方法は担任が自由に決めてよい。

これは、「責任逃れ」「弱腰」と受け取られます。このような対応では、保護者の学校への信頼が損なわれます。「この教頭は、担任を指導できないのか。」「そもそもその気がないのか。」と。

教科書を使わない「持ち込み教材」や参観者を巻き込む「参加型の活動」には、それなりのよさはあります。しかし、それが「いつも」となると、保護者は不安になります。そうした不安感をきちんと受け止め、安心感を与えるように説明するのは、管理職や主任の大事な役目です。

もしかするとこの担任は、「参観日は特別メニューで授業するものだ。」と思い込んでいるのかもしれません。そうだとすると、そこには次の「かくれたカリキュラム」が働いている可能性があります。

●参観日は特別メニューで授業した方がよい　➜　教科書を使った授業は、つまらなくしかできない。

もしこの担任が、こう思っているのだったら、授業の基本からの指導が必要です。教科書が、細部までよく考えられてつくられていることや、教科書をきちんと使えば楽しい授業ができることも、具体的に指導しなくてはなりません。

また、体育や音楽などの活動中心の授業や発表会は、子供たちは楽しいものの、参観する方には授業のねらいが伝わりにくく、保護者には意外と不評なことが多いことも知らせたいものです。

さらには、教科書を使う授業への自信のなさが、プリント学習や発表会といったお茶を濁す公開授業になっているのかもしれません。そうなら、学年や教科チームで教材研究をするなどが必要です。


問題場面に戻って、教頭はどうすればよかったでしょうか?

その場で適当な返事をして、うやむやにするのではなく、まず「お知らせと御相談をありがとうございます。」とお礼の言葉を伝えます。その上で、「○○（担任）に、意図や今後の計画を聞きまして、私から改めてお知らせを差し上げます。」とすべきです。（「○○先生」などと、部下を敬称で呼ばないように注意しましょう。）そして、速やかに校長に報告し、担任と面談します。学年主任も同席させるとよいでしょう。もし前に挙げたような「認識不足」や「逃げ」があるようなら、担任の言い分もきちんと聞いた上で、きちんと指導しなくてはなりません。

その結果を件の保護者に、「子供たちが活躍する様子を見てほしいと願って、特別メニューを多くして公開していたとのことでしたが、今後は教科書をきちんと使った授業も公開するようにと指導しました。このような指導ができたのも、今回お知らせいただいたおかげです。ありがとうございました。今後も何かありましたら、どうぞお知らせくださいね。」と報告とお礼、お願いをするのです。校長の声を聞かせた方がよいと判断したら、校長にも話してもらいましょう。その後、担任にも、きちんと話をさせます。

このように、丁寧に対応すれば、この保護者はきっと「学校は、親の不安感をきちんと受け止めようとしてくれている。」と、学校の応援団に回ってくれることでしょう。

2 参観日の廊下

問題

参観日にたくさんの保護者が訪れました。

教室に入りきらない保護者が、廊下で背伸びして教室をのぞき込んでいます。のぞくことをあきらめて、廊下でおしゃべりをしている保護者もいます。スマホを取り出して操作し始めたり、携帯電話で話し始めたりする保護者までいます。

そこに校長がやってきました。しかし、そんな保護者の様子に、少し困った顔をして通り過ぎました。

さて、この校長の行為は、保護者に何を伝えましたか？

解説 2 参観日の廊下

●通り過ぎる ↓ 参観できない人がいても仕方ない。おしゃべり・電話はしても構わない。

この校長は、保護者への配慮や注意をあきらめています。これは、参観の意義を放棄し、保護者の規範意識を損ない、自己中心的な行動を容認してしまう「かくれたカリキュラム」です。規範意識の高い保護者は「あの校長は本気で授業を見てほしいと思ってはいない。」と思います。規範意識の低い保護者は「注意されなくてよかった。あの校長は甘い。」と思います。つまり誰もが不信感を覚えるのです。

私は、こういう場面では、まず教室内の保護者に声をかけます。

「恐れ入ります。詰めてください。」

すると、皆さん協力してくださり、教室入り口近くに隙間ができます。そこで、廊下に向かって、

「中の皆さんに詰めてもらいましたので、どうぞ入ってください。」

と言います。入った保護者は先に入っていた方たちに会釈をします。中の方たちが会釈を返します。とてもいい雰囲気になり、私も感謝されます。子供たちもうれしそうです。おしゃべりをしていたり、携帯電話で話したりしている保護者には小さな声で、

「お急ぎでしたら校長室をお貸ししますよ。」

と声をかけます。他の人には聞こえない小さな声で面子をつぶさないように配慮しますが、他の保護者たちにも意図は自然に伝わります。そしてゆるやかに規範意識が高まります。数か月後には参観時の廊下でのおしゃべりや携帯電話の使用はほとんどなくなり、授業をきちんと見よう、という雰囲気ができてきます。

3 保護者面談

問題

若手のA先生のところに保護者が相談に訪れました。

子供が登校を渋ることがあるので、どうしたらいいか相談したいということでした。そこで、学年主任のB先生も立ち会い、個別面談をすることになりました。面談に先立ち、B先生はA先生に「とにかく保護者の悩みを聞くことに徹しよう。」と言いました。

面談では、家での様子を中心に保護者からたくさん話してもらいました。A先生もB先生もしっかりうなずきながら話を聞きました。

しかし、徐々に保護者の表情が暗くなり、やがてこわばり、「もういいです。」と帰ってしまいました。A先生とB先生は「どうしたのだろう？」と顔を見合わせました。

さて、A先生、B先生の対応はどこが良くなかったのでしょう。

解説 3 保護者面談

●悩みを聞くことに徹する　↓　登校渋りは家庭の責任。学校は主体的に関わるつもりはない。

もっとも長い時間登校渋りの子の近くにいて、悩んでいるのは保護者です。あれこれ考え、試してみても、うまくいかない。そこで、救いを求めて思い切って相談に訪れたのです。

なのに、「聞くことに徹する」ことにしたため、この保護者は「学校は、話は聞いてくれるが自分たちの方から反省の言葉もなければ、何らかの提案もない。登校渋りは全部家庭のせいだと言うの？　学校側にも少なくない問題があると思うのだけれど……。」と思ったのでしょう。

確かに、何でも学校が抱え込んでしまうのはいけません。しかし、この事例のように、学校が当事者としての意識や責任を放棄しているのでは、と受け取られることも避けなくてはいけません。この事例では、保護者を失望させてしまいました。

このようにして生まれた学校への不信感は保護者たちの中で速やかに回ります。普段から学級懇談の参加率や保護者アンケートの回収率が低いなど、保護者と心通っていない感じがするなら、「学校は親身になんかなってくれないよ。」という評価が回っているのかもしれません。

もしこのとき、「お母さんもお辛いでしょう。私たちも精いっぱい一緒に考え、できるだけのことをします。きっと大丈夫ですよ！　一緒に考えていきましょう。ところで、お子さんは学校や友達のことをどう言っていますか？」というような温かで主体的な態度が感じられたら、この保護者はいっそう学校に信頼を寄せたことでしょう。

4　保護者アンケート

問題

ある学校の保護者アンケートを見せてもらいました。

すると、数値評価の項目は、

○お子様は、友達とルールを守って仲良く遊ぶことができる

○お子様は、よく家庭で読書や学習をしている……

のように、「お子様は」が主語になっていました。

また、記述欄には

「ご意見はこうしたらいいという提案の形で頂けると幸いです。」と書かれていました。

思わず「このアンケート、回収率は低いでしょう？」と聞いてしまいました。やはりとても低かったです。

どうしてでしょうか？

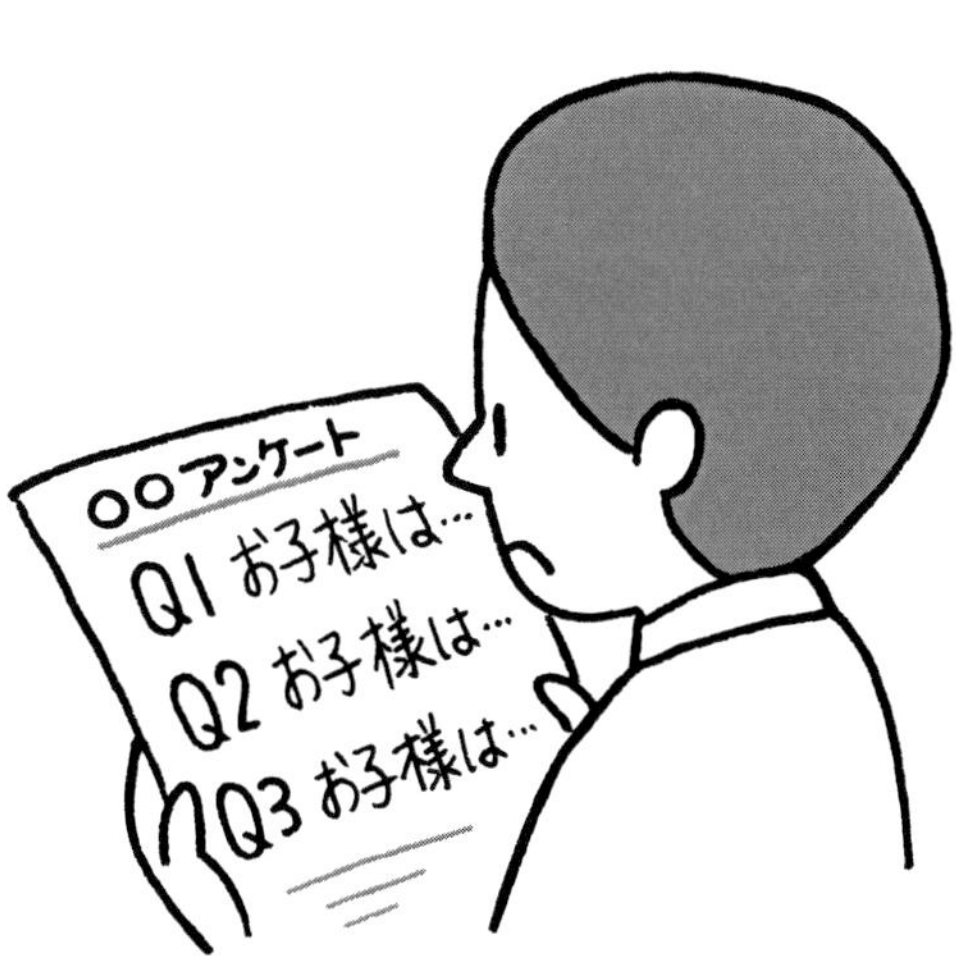

解説 4 保護者アンケート

●「お子様」という言葉
●「お子様は」という主語
●保護者に提案を求める
↓
学校は、学校の取組そのものを評価してもらおうと思っていない。

学校はサービス機関ではなく、子供はお客ではありません。「お子様」では、媚びている印象を与えかねません。アンケートでは「お子さん」が適切でしょう。

子供を主語にするのは、「教育の成果は子供の姿に表れる」という考えなのかもしれません。しかし、保護者の多くはそう受け止めません。「どうして『学校は』と聞かない？」と思っている可能性が高いのです。

記述欄で提案を求めるのは、建設的な意見が欲しいという意図なのでしょう。しかし、専門機関である学校に対して提案を書ける保護者はどれほどいるでしょうか。また、もし書かれた内容が、実現困難だったり、身勝手だったりしたらどうするのでしょう。

このように、このアンケートは学校の取組への批判的な意見を回避しようとするものだと受け取られ、学校への不信感を生み出す「かくれたカリキュラム」になっている可能性が高いです。だから回収率も低いのです。これに類することは、ＰＴＡ団体の幹部からもよく聞きます。

専門家集団である学校の、強い意志と明確な打つ手、そしてそれに対する批判的な意見をも真摯に受け止めようとする姿勢が信頼を生むのです。堂々と「学校は、子供のことをよく理解し、一人一人を大切にした指導をしているか。」のように問うべきです。

5 ゲストティーチャーを招く

問題

地域からゲストティーチャー（以下ＧＴ）を招いて授業を行いました。

校長が見に行くと、ＧＴが子供たちに自分の仕事について説明していました。ところが、言葉が難しく、床に座って話を聞く子供たちは、しきりに身体を動かしてざわついています。後ろで見ている担任たちも困った表情です。

ＧＴが帰った後で、校長は担任たちに「今日の話は難しかったね。」と言いました。すると、担任たちは、「そうですね。失敗しました。もう来年からは呼ばない方がいいですね。」

校長は、「そうかあ……。」と迷っている様子です。

さて、この担任たちや校長の判断にある「かくれたカリキュラム」とは？

解説 5 ゲストティーチャーを招く

●担任が後ろで見ている。それを校長が黙認する ➜ 授業は進行も含めGTに任せるべきだ。

このような事例は、多くの学校で見られます。GTの紹介をした後はすべてをお任せにするいわゆる「丸投げ」授業です。

これはいけません。授業者はあくまでも教師です。子供たちの後ろで傍観者になってしまうのは、授業の放棄です。では、GTを招いたときの授業はどうあるべきでしょうか。

まず準備について考えましょう。誰でも、「来校の日時や授業会場」、「児童数」、「使用する機器や準備物」、「担当者の連絡先」、「交通費や謝金」、「控え室」くらいは打ち合わせるでしょう。

しかし、それ以上に大切なのは、次の点です。

①教師が、GTの専門的な知識や技能を理解し、子供たちに伝えていただくことを絞り込み、順序立てる。
②授業のねらいと話に関わる子供たちの実態を具体的に伝え、想定される困難を確認する。
③進め方における教員とGTの関わり方をシミュレーションしておく。

丸投げになってしまうのは、これらが弱いからです。

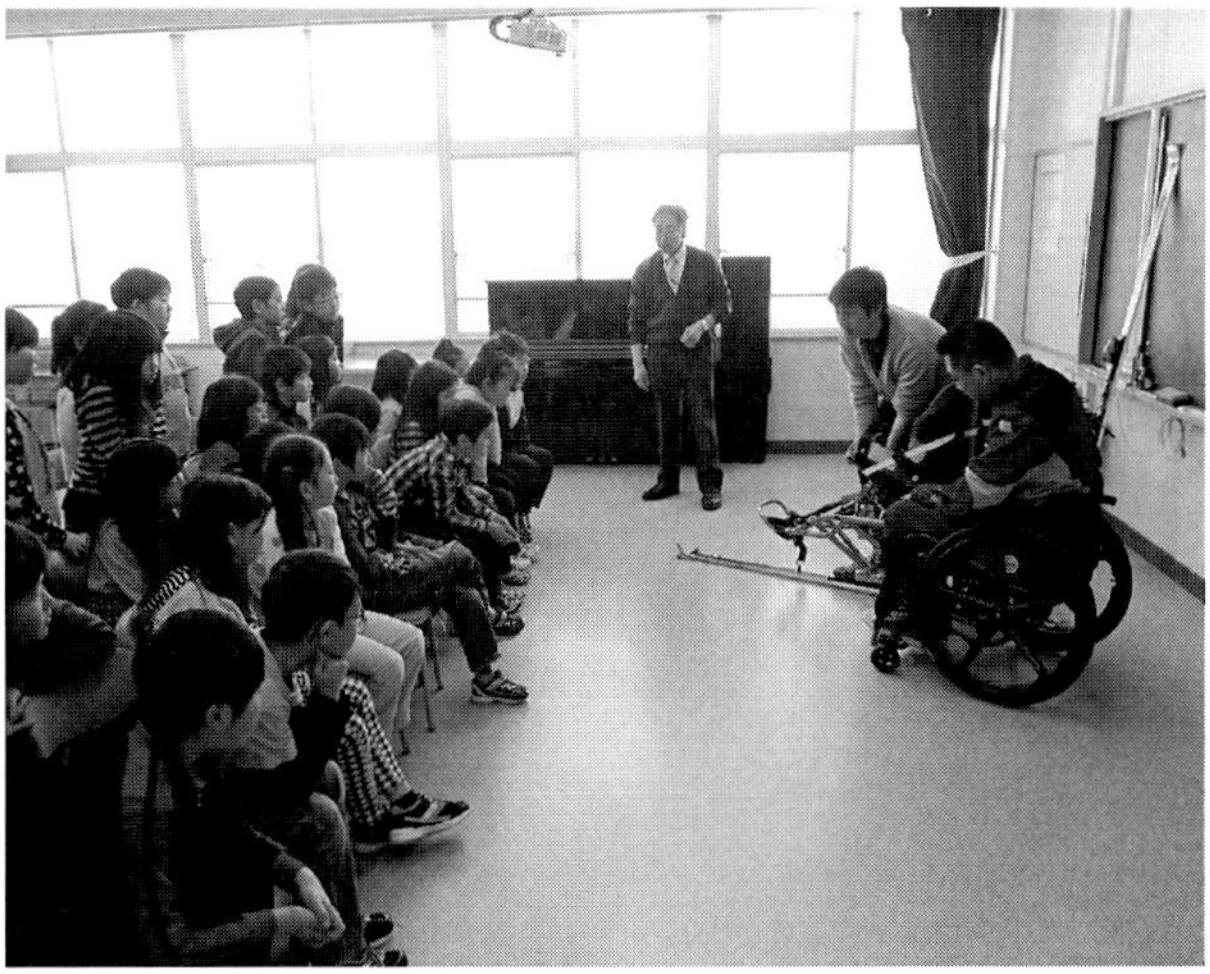

教師は、GTの近くで

①は、いわばGTについての教材研究です。GTは、語れる情報をもっています。それをしっかり聞き出し、その中から「これとこれを、この順番でぜひ子供たちに！」と、依頼するのです。

その上で、②を伝えます。それにより、GTは自分の役割や配慮事項を具体的に把握することができます。

さらに、③を行います。原則として教師はGTの横に位置して、インタビュアーとなって授業を進行するべきです。教室の後ろにいてはいけません。子供たちの表情を見て、GTの話の伝わり具合を見取り、必要と見たならいつでも介入できるようにします。

例えば、GTが難しい言葉を使ってしまった場合、それを即時に子供たちが分かりやすいように「翻訳」したり、「今の御説明は、こういうことですか？」と、子供たちの代弁者となって質問するなども教師の重要な役目です。GTの説明を板書して可視化することが必要なことも多いものです。具合の悪い子が出ることだって考えられます。後ろにいては、気付くのが遅くなります。もちろん、話がとても上手で、教師の出番がほとんど必要ないGTもたくさんいます。そんな場合でも、万一に備えて子供たちの表情が見える場所に位置取ることです。

子供たちは、教師の位置や表情、時折の介入もしっかりと見ています。また、子供たちはGTと教師たちの距離感に敏感です。GTに対する敬意が感じられない位置や表情はいけません。

校長は、これらをきちんと見て、準備や位置取りの不備、床に座らせるという場の設定の不適切さなどについて担任たちに指導すべきでした。また、このような不備が失敗の主な原因なのですから、安易な「来年からは呼ばない方がいい。」に同調してはいけないのです。

「来年からは呼ばない方がいい。」には、次の「かくれたカリキュラム」もあります。

●来年からは呼ばない　➡　GTは、その年の担任（たち）の思いつきで決めてもいい。時間を割いて来てくれた方に敬意を払う必要はない。

熱心な教員が異動すると、これまで呼んでいたGTが招かれなくなることがあります。しかし、GTは学校として継続的に呼ぶのが原則です。そうでないと、地域の方や保護者に「あの学校は、計画的に実践していない。GTも思いつきで呼ぶのだ。」と受け取られてしまいます。

人材リストをつくり、教育課程にきちんと位置づけ、引き継ぎの記録までしっかり残し、年度を超えて計画的・継続的にGTを呼び続けるようなカリキュラム・マネジメントの視点が大事です。継続することで、学校の財産としていくのです。担任たちにその認識が弱い場合は、きちんと指導したいものです。

逆に、例年呼んでいたとしても、校長としての判断でお断りすべき場合もあるでしょう。その場合は、GT本人や担任たちへの配慮と納得のいく説明を忘れずに英断を下すべきです。

地域に信頼されるかどうかは、このような管理職や主任の判断にかかっているのです。

6　地域の苦情

問題

教頭が、地域の方からの苦情電話を受けました。子供たちの路上遊びが危ないというものでした。

教頭は、丁寧に耳を傾けて、「知らせてくださり、ありがとうございます。では、学校で指導します。また何かあったらいつでもお電話ください。」と電話を切りました。

さて、この教頭の電話対応は、地域の方にどんなことを伝えていますか？

解説 6 地域の苦情

●「学校で指導します。」 ➡ 地域での子供の指導もすべて学校が請け負うべきだ。

この教頭は、地域の方の話に丁寧に耳を傾けています。ここは合格です。

しかし、丁寧なだけに、地域の方たちに、「地域で起こった問題も、すべて学校に言えばいいのだ。」と思わせてしまいかねません。

家庭や地域の教育力が弱まってしまった現代、地域の方が「学校が頼りだ。」と思うのは自然なことですし、そう思っていただけることはうれしいことでもあります。しかし、子供たちは学校にいる時間よりもずっと長く家庭と地域で過ごすのです。ですから、地域での子供たちの問題も、すべて学校が請け負うのだと思われるのは避けなくてはなりません。

私は教頭時代には、このような苦情の電話に対しては以下のように応えていました。

「知らせてくださり、ありがとうございます。では、学校でもきちんと指導します。子供は地域でも育むものですから、指導していただけるよう町内会にも知らせますね。○○様も、子供たちに注意していただけると助かります。学校での指導の結果、分かったことがありましたらお知らせしますね。」

最初のうちは「子供たちは、地域の大人の言うことなんか聞かないんだから、学校でしっかり指導してよ。」などと言われたりもしましたが、徐々に地域の方の意識が向上し、子供たちもいっそう落ち着いたように感じました。家庭や地域の当事者意識と教育力を高め、子供たちが家庭や地域の人の言うことをきちんと聞くように仕組み、支援するのも学校の大事な役割です。

7 地域公開授業で説教

問題

地域公開で、中堅のA先生が体育の授業を公開しました。しかし、子供たちの動きがダラダラしていたので、授業を中断し、全員を体育館の中央に集めて短い時間叱りました。

その様子を見ていたその学級の子の祖父が、廊下で出会った教頭に「何も地域の人も見ている前で、叱らなくてもいいのでは。」と言いました。教頭は、「そうでしたか。では、担任に言っておきますね。」と答えました。

放課後、教頭がA先生にこのことを伝えると、A先生は「誰かが見ていたら叱るなということですか?」と反論しました。側にいた校長は「まあ、誤解を受けるようなことはしない方がいいね。」

さて、A先生への教頭や校長の指導にある「かくれたカリキュラム」とは?

解説 7 地域公開授業で説教

●誤解を受けるような叱り方はよくない ➜ 叱った内容や方法はどうでもいい。

この事例は、実は私が担任時代のことです。私がA先生だったのです。

私は、この教頭と校長に言いました。

「お二人とも、どうして私が『何について、どのように叱ったのか』を聞いてくださらないのですか。私は叱るべきだと思ったから、それも保護者や地域の方がいるところがいいと思ったからこそ、叱ったのです。それを、単に体面だけを考えて、良くないと言われても承服しかねます。必要ならば、そのお祖父ちゃんには、私から説明します。」

血気盛んな頃の恥ずかしいエピソードですが、今でも間違っていないと思っています。

もし、いつもなら叱ることを、保護者や地域の方が見ているから叱らない、などということがあれば、それは子供たちに「人が見ていると、先生は甘くなる。」ということを教える「かくれたカリキュラム」になってしまいます。それでは、示しがつきません。もちろん、叱るにあたっては、子供たちの方に叱られるに値する不備があり、叱る内容や叱り方（言葉、場のつくり方、子供への反省と謝罪のさせ方、時間、切り上げ方、その後のフォローなど）が適切であるかどうかが問われます。この場合、他の保護者からは「きちんと指導してくれた。」と好評で、「説明のつく」ものであったと思い、反論したという訳です。

管理職や主任は、「とにかく誤解を受けないように」という腰の引けた助言などすべきではありません。

第４章
教育行政や教員養成大学の「かくれたカリキュラム」

いろいろな校種、年代、性別、役職が混じった教員研修会で、「教育行政や教員養成大学のイメージは？」と聞いてみました。すると、

一方的、退屈、事務的、眠い、冷たい、責任逃れ、お役所仕事、お疲れ、やらされ、アリバイづくり

など、マイナス・イメージの言葉がたくさん出てきました。

事実、教育委員会主催の研修会に参加した職員が刺激を受け、元気になって学校に戻ってくることはあまり多くありません。「眠かった。」と不満げな疲れた顔で帰ってくることの方が多いですし、「前の会議とどこが違うのかが分からない。」あるいは「なぜこの会議が招集されたのかが分からない。」などと首をひねって帰ってくることも多いです。また、初任者が、「大学で学んだことは、現場ではまったく役に立たない。」と吐露することも多く目や耳にします。

教育行政や教員養成大学がこのような状態だとしたら、そこでの教えを受けて現場に進む、あるいは戻る教師たちが「説明がつく」実践ができるとは思えません。逆に、そこでの教えが「かくれたカリキュラム」となって学校現場に悪影響を及ぼすこともあるのではないでしょうか。

中には、実のある課題設定やグループ協議を採り入れ、知的興奮を覚える研修会を実現している教育行政の会議や大学の授業もあります。しかし、まだまだ少ないと感じています。

本章では、現場から見た、行政や大学の「かくれたカリキュラム」について考えてみましょう。

1 授業とつながらない助言

問題

公開研修会の助言者に大学の教員養成担当教員を招きました。授業検討の最後、講評の時間となりました。

その担当者は参観した授業の感想をほんの少し述べた後、「これからはアクティブ・ラーニングや単元を貫く言語活動や協同的な学習が…」と長々と話しました。担当者が話し終えると、参加者の一人が挙手をして、質問しました。

「お話を聞いて、ちょっと混乱しているのですが、今日の授業はどうすればよかったということなのですか？」

すると、その担当者は、

「まあ、今日の授業はあれでよかったと思います。」

と濁しました。

このような助言は、参加者に何を教えますか？

解説 ❶ 授業とつながらない助言

●授業の具体とつながらない助言 ➡ 公開された授業は、さほど大事ではない。

八六ページに、教育行政や教員養成大学のイメージは、「一方的、退屈、事務的、…」と挙げました。これはその一例です。

このような授業とはつながらない助言（しかもほとんどの場合だらだらした）を聞いていると、参加者はいらいらしてきます。誰もメモを取りません。居眠りする人も出てきます。そして、これが重なると、授業検討会そのものがつまらないものだという見方が形成されてしまいます。助言になると席を立つ人もいるほどです。

管理職や主任は、単に自説をペラペラとしゃべる人を、ありがたがって助言者に選ぶべきではありません。そんな無責任な助言は「かくれたカリキュラム」として働き、職員を鈍感にし、授業を軽く考え、学校の研修そのものをダメにしていきます。

授業は、子供との真剣勝負です。検討会も助言も真剣勝負であるべきです。

まず、授業の「ここがいい」「ここが惜しかった」をきちんと指摘し、その根拠を鮮やかに理論的に整理してみせてほしいのです。そして、改善のための発想や知識、具体的な指導技術を模擬授業、あるいは代案の発問や板書などで示すくらいの気構えがほしいと思います。もちろん、そのような助言で現場を刺激し、元気にしてくれる行政マンや大学教員も少なからずいます。そういう方を厳選し、招くのは管理職や主任の大事な仕事です。

2 GBY

問題

教育委員会の会議に出席しました。プレゼン画面を見やすくするために照明を落としたところに、抑揚のない司会と説明が子守歌となって、少なからぬ人が寝ています。

しかし、会議は淡々と進みます。

このような会議の運営に働いている「かくれたカリキュラム」とはどのようなものでしょう?

解説 2 GBY

●抑揚のない話し方、寝ている人を放置する ➔ この話は本気で聞く必要はない。

私は、諸会議に出席した際、よくレジュメの余白に「GBY」と書き込みます。GBYとは、「原稿棒読み」の略です。

教育関係の会議でのGBYの出現率は、かなり高いというのが私の実感です。登壇してから降壇するまで、一度も聴衆に目をやらず原稿しか見ない「超GBY」の人も少なくありません。講師紹介を「講師紹介。〇〇〇〇先生。昭和〇年〇〇県生まれ…」と、手元資料と一字一句違わない紹介文を読み上げ、最後に「〇〇先生、今日はよろしくお願いします。」と付け加えただけという人もいました。思わず隣の参加者と「読んだ方が早いよね。」と顔を見合わせました。

私は、そのような司会者や説明者を見ると、「この人は、コミュニケーションというものを理解していないのだな。」と気の毒になります。そして、「こんな話し方が、『かくれたカリキュラム』として、学校現場に伝染してしまわないといいが。」と心配になります。

「コミュニケーション」を辞書で引くと、

社会生活を営む人間の間に行われる知覚・感情・思考の伝達。言語・文字その他視覚・聴覚に訴える各種のものを媒介とする。

（広辞苑）

とあります。先の司会者や説明者は、この「感情の伝達」を放棄しているのです。

「情報とは、『情』という船に『報』が乗ってやってくるという意味だ。」と聞いたことがあります。なるほどと思います。人は感情の生き物です。話し手の熱意や真剣さ、誠実さなどの「情」に、伝えようとする「報」を載せて届けたとき、受け手もはじめてそれを真剣に受け取るのです。このようなコミュニケーションの本質を理解せず、事務的・機械的に原稿を読み上げるだけでは、聞き手はその内容を真剣に受け取ることなどできません。その会議に出席した人が、その「報」を持ち帰った各学校で、同じように機械的・事務的にその内容を職員に伝えてしまう可能性は高くなるでしょう。本気で「これは大事だ！　伝えたい！」と発信された「報」ではないので、よほど咀嚼していないと「情」は込められないからです。それでは現場は動きません。よく「学習指導要領は教室の入り口で足踏みをしている。」と言われます。それはＧＢＹにもかなりの原因があるのではないかと思います。

話は少し変わります。学校では、児童生徒が集会や運動会・文化祭など行事の司会をしたり、学年の発表をしたり、ゲストティーチャーへの謝辞を言ったりする場面があります。その際、教師がつくった原稿を渡し、児童・生徒がそれを抑揚なく読み上げるのを見て、とても残念な気持ちになることがあります。

これは現場のＧＢＹです。子供たちに「情」と「報」を切り離すことを、教え続けている「かくれたカリキュラム」です。とても「説明のつく」指導とは言えません。

本校の「説明のつく」やり方を紹介します。本校では公式の場で児童に話させるときには、基本はノーマイク・ノー原稿とし、「相手を見て、自分の言葉でしっかり話そう。」と指導しています。原稿をマイクに頼って読ませると、GBYになりがちだからです。本校の児童数はおよそ四五〇名ですが、ほとんどの場合、マイクは不要です。マイクを通さない声の方が聞きやすく、張った声に「伝えなくては」という「情」が自然に入るため、聞き手も集中して聞きます。当然私も、朝会などで全校児童に話すときは、基本的にノーマイク・ノー原稿です。

児童会立会演説会もノーマイク・ノー原稿で

また話が変わります。本校では、全教員が年に二度以上公開授業を行います。その際は、指導案を見ることを御法度としています。指導案を見ながら授業を進めるのはGBYと大して変わりません。「情」が途切れ、子供から目が離れてしまいやすくなります。下手をすると子供たちを指導案通りに授業を進めるためのコマと見てしまう危険性もあるからです。

管理職や主任は、まず自分の、そして学校のGBYを追放し、また行政などのGBYに対しても、アンケートなどではっきりとその非を指摘したいものです。困難な時代を乗り切るには、現場は行政や大学とも心を通わせ、力を合わせていかなくてはなりません。そのためにもGBYを追放したいものです。

3 研究発表の依頼

問題

若手のA先生が教育委員会から研究発表を頼まれました。二か月後に実践を四五分間発表してほしいというものでした。A先生は張り切って準備をしました。

ところが、発表が一週間後に迫ったある日、教育委員会から電話があり、発表は二〇分にしてほしいと言われました。A先生は四五分に見合う資料を多数用意しておりましたので、とても困惑し、またムッとしてしまいました。

そこで、「引き受けた際の説明と違うのでは？」と質問しました。すると、担当者は「最初は、上からの説明でも四五分の発表だったのですが、その後質疑応答も含めて四五分に変わったようです。」と言います。

納得できないA先生はさらに問いました。「どうして変わったのですか？」すると担当者は「その辺りのことはよく分からないのです。とにかく上からの指示ですので……。」

さて、この受け答えの「かくれたカリキュラム」とは？

解説 ③ 研究発表の依頼

まず、問題とした受け答えについて語る前に、「発表会が一週間後に迫った」について。

現場では、行政機関から「大至急お願いします。」と各種調査物の提出を求められることが度々あります。金曜日の夜にメールで依頼が入り、締め切りが月曜日という調査物が入ることも珍しくありません。それが、どんなに現場を混乱させ、疲弊させているのかを、行政機関にはもっと知ってほしいと思います。問題のような依頼してからかなりの時間がたってからの変更指示も、現場を混乱させ、疲弊させる一例です。

次に、「とにかく上からの指示ですので……。」という受け答えについてです。

> **●「上からの指示ですので。」** ➡ 行政の世界は上から下への一方通行。伝達した私に責任はない。あなたも指示に疑問をもたずに従うべきだ。

行政の世界は、上から下への指示・伝達がその構造を支えています。それゆえによほど気を付けないと、そこからの指示で動く人の主体性や意欲を無視する「かくれたカリキュラム」蔓延の危険性をはらんでいます。

この「かくれたカリキュラム」が働くと、そこに関わる人の仕事観は、「言われたことに疑問などもたず、言われた通りにすればよい。」から始まり、「言われたこと以外はしない方がいい。」「言われるまで動かない方がいい。」となります。そして、「組織のコマ」意識が醸成されていくのです。

これを、官僚主義と言います。

【官僚主義】（bureaucracy）官僚政治に伴う一種の傾向・態度・気風。専制・秘密・煩瑣・形式・画一などを特徴とする。官庁だけでなく、政党・会社・組合など大規模な組織に伴うこともある。御役人風。御役所式。
（広辞苑）

教育行政もまた、官僚主義に染まりやすいことを、知っておかなくてはなりません。つい先日まで、現場でやる気にあふれた熱血先生だった同僚が、教育委員会に出向してしばらくたつと、疲れ、冷めた表情になってしまうのを多く目にしてきました。コマとして扱われるうちに、自分をコマと考えてしまうのでしょうか。恐ろしいことです。

もし、この担当者が、単にA先生に時間の変更だけを伝えるのでなく、「いやあ、そうでしたね。本当にすみません！」などと、お詫びの気持ちを前面に出していれば、少しはA先生の気持ちも収まったのでしょうが、そうもいきません。下手に謝ってしまうと、それを言質とされてクレームに発展するかもしれません。当初は小さかったクレームが議会答弁などに発展してしまうと、大変なことになりますから、担当者はひたすら「上からの指示ですから」と、責任は自分にはないことを打ち出すようになります。相手の心情を慮るよりも、組織の体面を保つことを優先するのも官僚主義の特徴です。

しかし、それでも私は言いたい。

教育行政において、相手の気持ちを慮る心が感じられないとしたら、そこには組織の体面を保つとかクレームを回避するなどといったメリットをはるかに凌駕するデメリットである「かくれたカリキュラム」が生じているのだと。行政と学校現場の間に信頼関係がなくなることの損失は、計り知れないのだと。

今回のことから若いA先生は何を学ぶでしょうか？

せっかく準備したことが無駄になったことから、次のように思うのが自然なのではないでしょうか。

●指示が途中で変更される ↓ 最初の指示を信じて馬鹿を見たな。仕事はぎりぎりまでしない方がいいんだな。これからは行政の依頼は引き受けないようにしよう。

こうして、やる気にあふれていた若手の気持ちをくじいてしまうかもしれないということを、行政に勤める人は、もっと恐れてほしいと思います。

GBYと一方的な指示は、現場の教員に大きな影響を及ぼす行政機関の二大病です。血を通わせる努力をもっと大事にしてほしいと心から願います。

ちなみに、これは教育委員会だけの問題ではありません。一般行政や大学などにも通じる問題です。また、学校でも、若手や保護者、地域の方に対し、身近な管理職や主任の日常的な言動が「官僚的だな。」と思われていないかどうか、いつも考えたいものです。

4 B問題に慣れさせましょうという指示

問題

教務主任の研修会で、教育委員会の担当者が言いました。

「全国学力・学習状況調査で、本県はB問題に対応できない子が多いという結果でした。各校においては、今後B問題の過去問を活用するなどして、子供たちに活用型の問題にも慣れさせるよう、工夫をお願いします。」

参加者は、黙って聞いていました。

さて、この担当者の指示は、参加者にどんなことを伝えましたか？

解説 4 B問題に慣れさせせましょうという指示

●「B問題の過去問をさせよう。」 ↓ B問題の得点が低いのは問題に慣れていないからだ。

全国学力・学習状況調査への取組は、ずいぶんと各校や各教育委員会の「かくれたカリキュラム」を浮き彫りにしたようです。この担当者の言葉にもそれが如実に表れています。

まず、この担当者（もしくは「上」の役職者）が、B問題を「応用問題」だと考えているために、過去の問題に取り組ませようという発想と指示が出てきているように思います。

これは間違いです。「応用」ではなく、「活用」です。まず各教科でしっかりと知識を獲得させ、その知識を活用させるような授業や活動を組み立てるべきです。そして、さらに、各教科はもとより総合的な学習の時間や教科横断的な活動の充実も図るように、と指示すべきだったのです。この間違いは一部マスコミにも見られ、勘違いをしている保護者も多いので要注意です。

誤解のないように言っておきますが、学力の一部である得点力をつけることは大事です。また、子供たちに過去の問題を見せるのもいいと思います。各種調査で正答できるようになることは子供たちに自信をつけますし、今求められている力がどんなものかを子供自身も知っておくことは意義あることです。

しかし、もっとも過去の問題を見ておくべきは、教師たちです。過去の問題を解いてみることで、教師たちは今求められる学力を意識できます。そこから、「活用」力をつける教育課程や指導方法を目指していくことこそが大事なのです。目先の数値を上げるには、子供に慣れさせせればいいというのは、あまりにも短絡的で貧しい考え方です。

5　空欄をなくすようにという指示

問題

前問に関連してもう一問。

指導主事が、教務主任の研修会で言いました。

「本県の全国学力・学習状況調査の結果においては、無答率が高いという残念な特徴があります。子供たちには、すぐには分からなくても、あきらめずに最後まで取り組むようにという指導をお願いします。たとえ分からなくても何か書くようにと指導してください。何か書けば、それは無答にはなりません。」

さて、この指導主事の話は、教務主任たちにどんなことを伝えましたか？

解説 5 空欄をなくすようにという指示

●「何でもいいから書かせて、無答率を下げよう。」→ 見た目の数値が一番大事だ。

この指導主事の言葉の前半「あきらめずに最後まで取り組むように。」はいいのです。これは、この検査に限らず、子供たちに身につけさせたい大事な資質です。

問題は後半の「分からなくても何か書くように。」です。このような、「嘘つきのススメ」を吹き込むような指導主事がいるなど、信じたくありませんが、残念ながらあちこちで聞きます。多忙な現場では、目標や手段が目的化しやすいものなのですが、これもその一例と言えるでしょう。

もしこれを、教務主任が「それでいいなら、すぐにできるな。」などと疑うことなく聞いて、学校や子供たちに伝えてしまったら、どうなるでしょうか。教師や子供たちに「見かけのデータを上げるためにはウソをついてもいい。」と言っていることになります。道徳の時間などに教えているのとは真逆のことを教える「かくれたカリキュラム」です。

大人になった子供たちが「あのとき、先生は『何でもいいから書け。』と言ったな。だから、適当に何か書いたっけ。あれは、見かけのデータを上げさせるための指示だったのか。」などと思い出したとしたら、とても教師への信頼感や母校への誇りなどもつことはできないでしょう。

教師としての誇り、学校としての矜持は、いつも試されています。こんなときには、さっと手を挙げて、「それで子供たちや保護者に説明がつくのでしょうか？」と質問したいものです。

6 今も子供天使論

問題

学級経営に悩む若いA先生が、学年会でつぶやきました。

「子供は天使だと大学で教えられてきましたが、そんなのウソですね。この頃、子供は悪魔だなと思うことがよくあります。そんな私は教師失格ですね。」

①A先生に、このように思わせてしまうのは、大学の教えにあった「かくれたカリキュラム」にその原因があります。それは、何でしょうか。

②あなたが同じ学年の主任なら、A先生に何と声をかけますか？

解説 6 今も子供天使論

①「子供は天使だ。」の「かくれたカリキュラム」

●「子供は天使だ。」➔ 子供を無条件に信じなさい。愛情さえもっていれば、うまくいく。

教育が難しい時代になりました。かつて学校に牧歌の風が吹いていたときと同じような子供観・教育観では、やっていけないのです。

もちろん今でも、「子供は天使だな。」と思えるときがあります。学校に牧歌的な風が吹いていることを感じて、ホッとすることもあります。しかし、それらは「するべきことを適切にした」から訪れるひとときなのです。

また、今も「子供への信頼や温かな思い」は絶対に必要です。そもそも、それがあるからこそ教師という職を選んだはずです。地位や名誉、お金を望むなら選ばなかったはずです。

しかし、もはや「子供は天使だ」「愛情さえあれば」というのではやっていけない時代になったのです。

A先生の大学時代の先生はこの時代認識が弱く、学生たちに時代にそぐわない子供観を、意識せずに教えてしまいました。A先生を混乱させ、苦しめる「かくれたカリキュラム」です。

かと言って、「子供は悪魔だと思え。」と教えようと言うのではありません。それは、極端から極端に走りすぎです。

②Ａ先生への言葉

私なら、Ａ先生に次のように言います。

「そうだね。天使と思えるときもあるし、悪魔だなと思えるときもあるね。」

これは、「子供天使論」でも「悪魔論」でもない「善悪具有論」です。

置かれた状況や教えによって、人間は良くも悪くもなります。善悪具有の子供たちだから、一年を通じて変わらない「規律・ルール・礼儀・伝統」などの規範を縦糸とし、そこに子供と教師、子供たち同士が互いに信頼し合う横糸を絡めて温かい織物を織るように教育していこうというのが、私の主張です。

拙著『必ずクラスがまとまる教師の成功術！ 学級を安定させる縦糸・横糸の関係づくり』（学陽書房、二〇一一年）に、次のように書きました。

> 学級崩壊のパターンの一つは、**縦糸張りの失敗**である。子供や保護者の動きに対応できず、ずるずると押され、流されてしまう。教師の話すことにだんだん子供が耳を貸さなくなり、勝手に振る舞い始め、気がつけば教室内は無秩序で弱肉強食の状態となっていく。
>
> もう一つのパターンは、**横糸張りの失敗**である。教師が、子供や保護者を力で押さえ込もうとしたり距離を置こうとしたりする。親しみを感じることができなくて、子供たちは教師から離れていく。表面上は問題無いように見えても、子供は教師を敬遠し、本音を出さなくなる。知らぬうちに教室内にはいくつかのグループができ、水面下で対立するようになる。いじめや不登校も起こりやすくなる。そうならないように、縦糸と横糸をバランスよく張ることが必要なのである。
>
> （一一ページ）

管理職や主任は、A先生の学級経営や授業の中にある子供たちを荒れさせてしまう原因を、A学級の参観を通して共に探し、共に具体的な改善点を考える存在であってほしいと思います。

若いA先生が、「子供は悪魔だ。」と思ってしまうのは、おそらく縦糸が弱いからです。しかし、A先生自身もまた、幼少期から弱い縦糸の中で育ってきており、縦糸をきちんと張ることの大事さや具体的な張り方がなかなか理解できないのでしょう。

管理職や主任は、A先生が縦糸を身につけ、子供と共に成長していく過程を、粘り強く指導し続けなくてはなりません。そして、何より、

「A先生は教師失格なんかじゃないよ。でも、十分合格でもない。今より少しでもいい教師になるために必要なことを、一緒に考えよう。」

と勇気づけてほしいと思います。

それにしても、少なからぬ大学の授業がいまだに「子供天使論」を学生に伝えているのは大問題です。大学には、時代認識に支えられた「善悪具有の人間観」と「説明のつく実践論」を伝えてほしいのです。そのためにも、それらを具現するモデルとなる授業を、大学でもしてほしいと心から願います。

大学時代にそれらを体験的に習得しているかどうかで、その後の若手教員の学級経営や授業は大きく違ってくるはずです。そうなれば、一年目で夢破れて辞めていく初任者の数が、ずいぶん減るのではないかと思います。

7 大学の講義形式の授業

問題

教員免許更新講習で、主任のA先生が教員養成大学で授業を受けました。A先生は、学校に戻ると笑って言いました。「高いお金を出して受講したのですが、日頃の疲れが出て、ほとんど熟睡していました。他の人も、かなり寝ていました。」

受講者の心がけの問題もありますが、ここではこの大学の授業の「かくれたカリキュラム」を考えてみましょう。

受講者を熟睡させる授業は、何を教えましたか?

解説 7 大学の講義形式の授業

●受講者が熟睡する授業 ➜ 人にものを教えるということは、一方通行でいい。

今でも大学の授業は講義型が多いようです。しかし、特に教員養成系の大学の授業は、講義型ばかりではいけないと思います。理由は二つあります。

一つは、教員養成大学の授業は、教えるということの具体を示すモデルでもあるからです。教員養成大学で一方通行の講義型授業ばかりをしている教員には、自分の授業がその後現場に勤める学生たちのモデルになるという自覚がないのでしょう。（もしかしたら、自分が「教員」であるとすら思っていないのかもしれません。）

もう一つは、思春期後期の学生に、世の中に出ていくための、最低限の礼儀作法を教える責任があるからです。遅刻や居眠りなどを放置しておくのは、その後現場に出て行く若い学生の規範意識を損ないます。児童生徒に対してきちんと指導する必要はないということを教える「かくれたカリキュラム」です。

それは若手教員が学級崩壊を起こしやすいことと無縁ではありません。モデルである大学の授業のゆるさにも一因があると思います。

「はじめに」で紹介した宇佐美寛先生は、講義型の授業について次のようにおっしゃいます。

〈講義〉という方法が有る。教師は、一方的に、予め用意した内容を音声化する。語りつづける。連続講演のようなものである。不合理で無意義な教育方法である。

学生は、この瞬間、何をしていればいいのかわからない。たるんで、ぼんやりしていても、時は流れる。私語、あくび、いねむりが、はびこる。

話して聞かせるくらいならば、その内容を各自に読ませればいい。読書させればいい。

宇佐美寛・池田久美子著『対話の害』（さくら社、二〇一五年、一八九ページ）

その通りだと思います。今、中教審でアクティブ・ラーニングが話題となっています。教員養成系大学での教育方法の改革も求められています。もちろん講義も様々であり、一概に言えませんが、「多くの学生が寝ているようなゆるい講義」で「間違った学習態度」を習得してしまう学生は不幸だと思います。

また、問題のように免許更新講習などで大学の授業を受ける教員が「授業の基本は講義なのだ。」などという認識を得ているとしたら、それもは深刻な「かくれたカリキュラム」と言えるでしょう。

宇佐美先生は遅刻に対しては、次のように指導されています。


この教室の出入り口は前方にある。つまり、教壇の左右が出入り口である。遅刻してきた学生は、ずっと後方まで歩いて、教壇から最も離れた、後の列に座ろうとする。これはいけない。私は、次の趣旨を言う。

「授業はすでに始まっている時点なのだ。それなのに教室内をはるか後方の席までずっと歩いていく者があると、私にも学生にも目ざわり、耳ざわりだ。教授（教えること）と学習とを妨害しているのだ。だから、遅れてきたら、すぐ入り口に近い前列に腰をおろせ。――これに異論が有る人はいるか？」

もちろん、異論の手は上がらない。

しかし、それでも、第二週、第三週くらいまでは、遅れて入室して後方の席までずっと歩いている者がいる。

私はすぐ「そこの遅れてきた者は、すぐそこに座れ。」と言う。たいていは、この指示に従って、そこに座る。

しかし、聞こえたのか聞こえなかったのか、最後列まで歩いていって座る者がいる。

私はその学生のところへ行って言う。「遅れてきたらすぐ座るのだと先週言った。一番前の席に行って座れ。」彼は一番前の空いている席までもどって座る。

先週、道理のある正しいこととして教師が指示し学生は異論を言わなかったのである。だから、教師のこの言葉は重い。守らなければならない。教師のこの言葉を無視する行動が通用するという事態をそのまま放置しておいてはならない。「教師は本気ではないのだ。」と教えていることになる。教師の言葉がいかに軽いかを教えていることになる。これでは、教師は信頼されなくなる。（これも「かくれたカリキュラム」である。）

宇佐美寛著『新訂版　大学の授業』（東信堂、二〇一二年、一六ページ）

まさにアカウンタブルな（説明のつく）指導です。このようなことをきちんと指導された学生が現場に入れば、学級崩壊の割合も下がるのではないでしょうか。

第5章
学校運営の「かくれたカリキュラム」発見・改善のための七つの提案

前著『その指導、学級崩壊の原因です！「かくれたカリキュラム」発見・改善ガイド』八五ページに、私は左の図を掲げました。

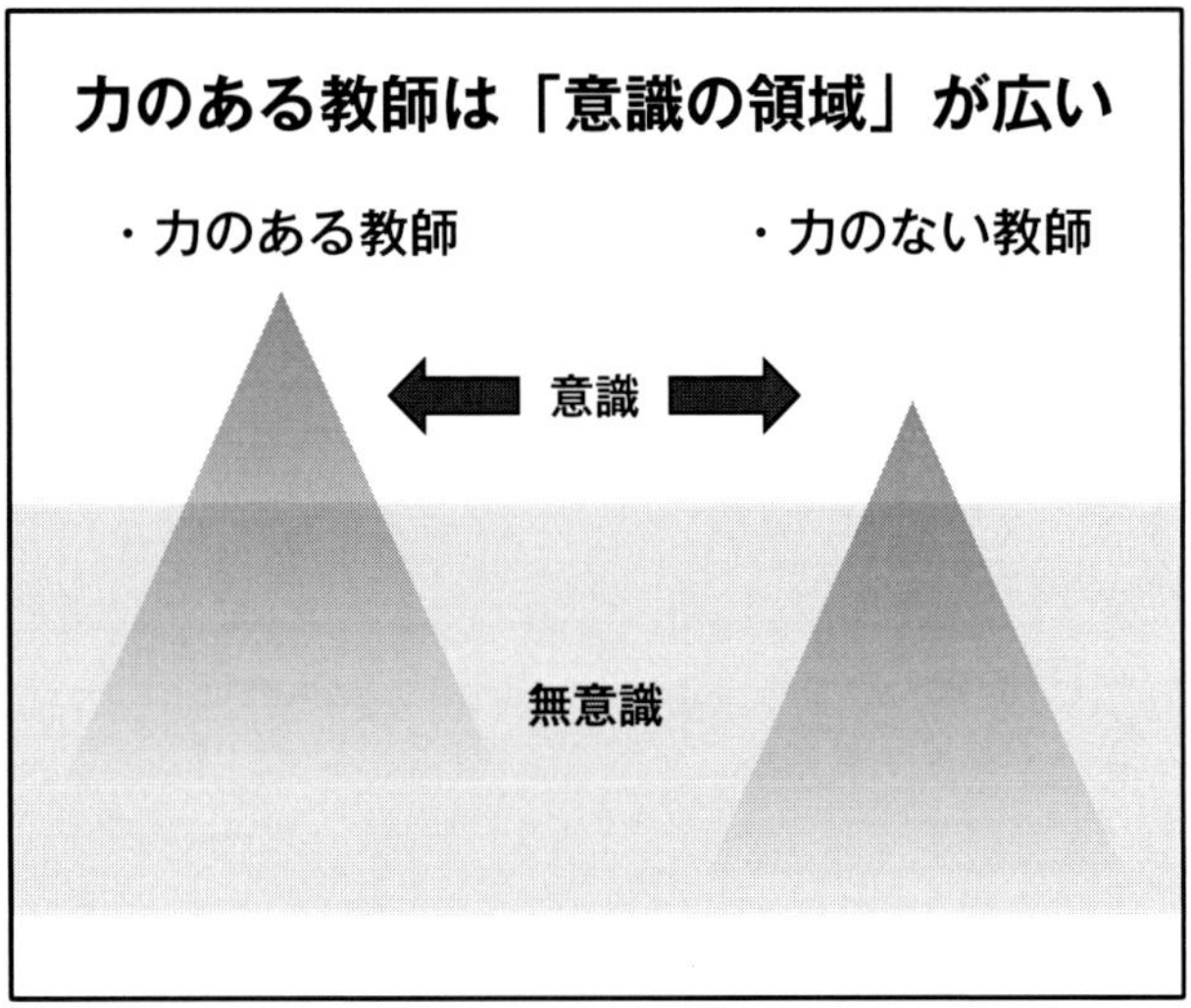

これは学校運営の場でも、そして管理職や主任の仕事でもまったく同じです。「神（悪魔）は細部に宿る」と言います。力のある管理職や主任は、細部にわたって、周到に「説明のつく」設定・準備・対応をしています。

以下、管理職や主任として「かくれたカリキュラム」を予測・発見し、予防力・改善力を高めるための心がけや工夫を、七つ提案します。

1 問題発見志向でいこう

管理職や主任は毎日学校を回ることです。一日中校長室から出てこない校長を揶揄する言葉に「引きこもり校長」とか「たこつぼ校長」があります。そんな校長では、学校の「かくれたカリキュラム」を発見・改善することはできません。これは、教頭や主任も同じです。学校を改善するには、毎日学校を回ることです。

カエサル（シーザー）は、「人間はみな自分の見たいものしか見ようとしない。」と言ったそうです。「かくれたカリキュラム」は「見たいもの」ではないでしょうが、見つけるつもりで回ることです。事件は現場で起きているのです。玄関、教室、廊下、校庭……、あらゆるところで「かくれたカリキュラム」は静かに働いています。それぞれの場で子供たちや職員がどんな思いや表情でいるのかを、具体的に知っておくことです。同じ子なのに、場によって見せる顔がまるで違うことに驚かされたりもします。保護者との面談でも、この日々の観察が力を発揮します。

私は、一日在校する日は、三回以上学校を回ります。まず、全児童の靴箱を一つ一つ見て回ります。靴が揃っていないときには直してやりながら誰の靴か記憶し、学級でその子を観察し、担任にも注意して見るように助言します。また、掲示物の曲がりや画鋲の外れなども見て、不備はすぐに直します。教室では、空いている席に腰かけるなどして、子供たちの学びの様子を具体的に把握するようにします。ノートへの丸付けを手伝ったりもします。そこから得た情報が、授業者への具体的なアドバイスに結びつきます。

それでも、見落としてしまうことは多いものです。違和感を感じた学級には、一通り回り終えてから再度行ったりもします。違和感を感じるということは、その気付きが私自身の無意識の領域にあるということです。再度訪れることにより「意識の領域」が拡がり、問題が発見しやすくなるのです。

2 会話・対話を多くしよう

私は、学校経営を、次ページのように「目標明確化軸」と「コミュニケーション軸」で考えます。この象限図は、国立教育政策研究所初等中等教育研究部総括研究官の藤原文雄先生の講演から学んだ「共同目標実現チーム」という概念を、私なりにアレンジしたものです。

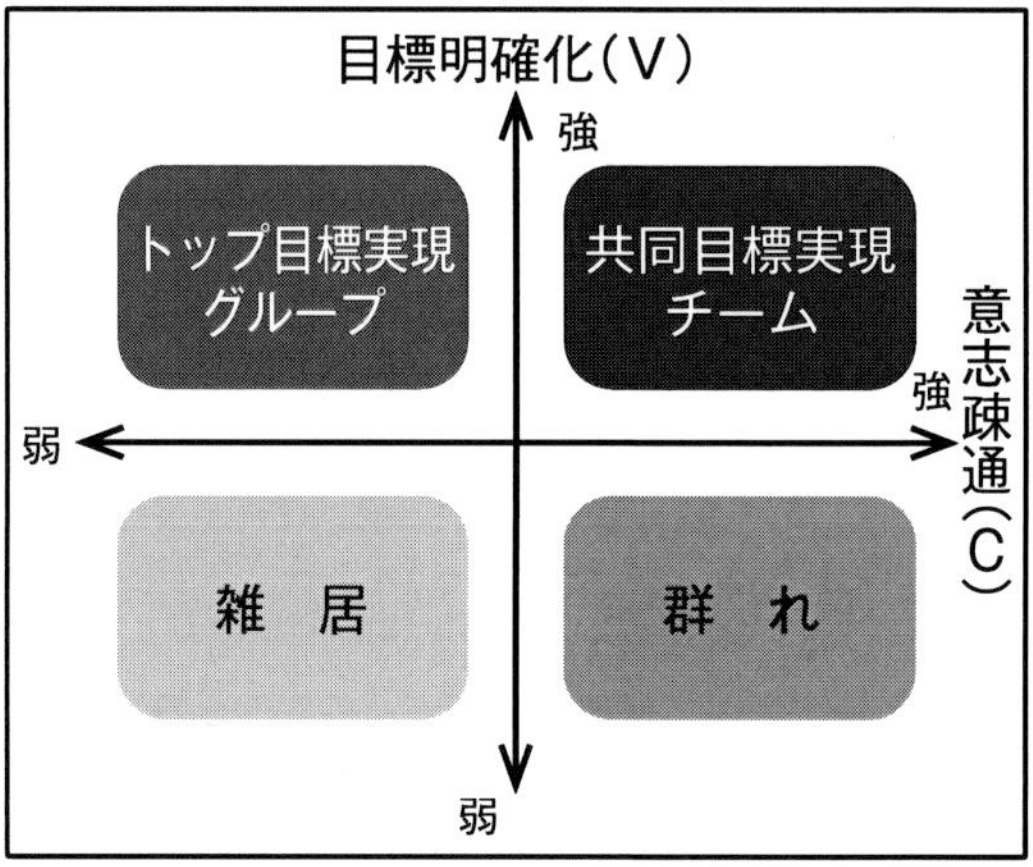

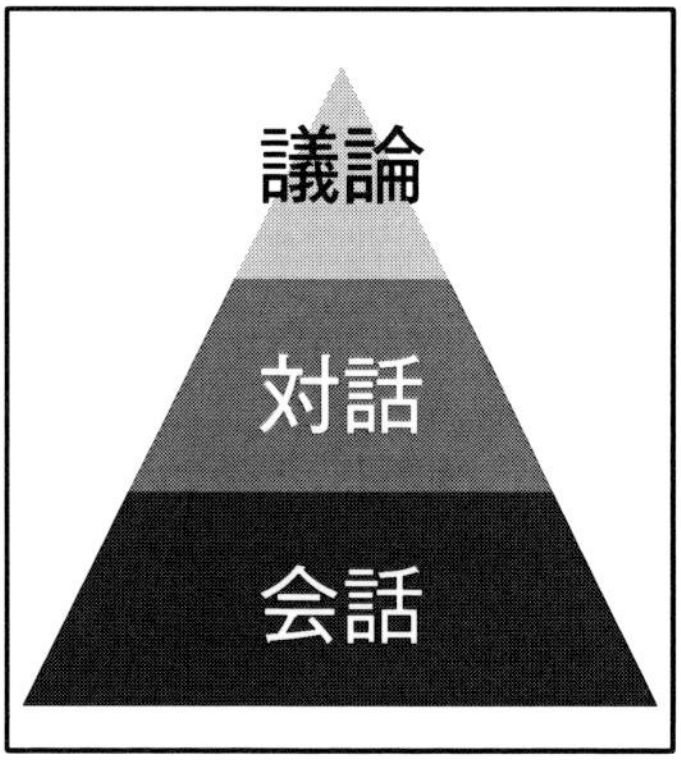

目指すのは、目標がはっきりしていて、職員間のコミュニケーションが豊富な「共同目標実現チーム」です。ですから、日頃から私自身も職員とのコミュニケーションを多くすることに努めますし、教頭や主任にも、豊かなコミュニケーションを心がけてほしいと言っています。職員室で、各自が黙々とコンピューターに向かっているというのでは、一体感のある職場にはなりません。

職員間の言語コミュニケーションには、「会話」「対話」「議論」の三層があります。「会話」は、挨拶から始まり、他愛のない言葉を交わすものです。「対話」は、相手の思いや考えと自分のそれを交流して理解を深めるもの。そして「議論」は集団としての意志決定のために、論を交わすものです。

職員間では、「会話」をもっとも多く、次に「対話」を多くするようにします。このバランスが大事です。「会話」という基盤の上に「対話」を、その上に生産的な「議論」を載せることで、職場は「情」と「理」が通うチームになっていきます。だから、管理職や主任は、普段から職員と「会話」や「対話」を多くすることが大事です。他愛のない話でいいのです。他愛のない話が必要なのです。また、環境整備など、協働的な活動の中での非言語コミュニケーションも、チーム意識の醸成にとても効果的です。

3 そこにいるだけでモデルとなり、ゴーサインを出していることを自覚しよう

管理職や主任にそのつもりはなくても、年長者は後輩教職員のモデルとなっています。子供への指導はもちろんのこと、保護者や地域の方、外部の方への対応の仕方、服装や食事の仕方、読書の傾向など、すべてがモデルとしてのメッセージを発しているのです。

例えば、気軽に授業をする管理職の学校では、授業改善が進みます。反対に、授業から逃げる管理職なら、授業改善など進みようがありません。それは、教室の教卓上に置いてある本が、週に数回変わる担任の教室では子供もよく本を読むようになるのと同じ「かくれたカリキュラム」です。

若手は注意されなければ、「『それでいい』と言われている。」と思ってしまいます。この自覚がない管理職や主任は、例えば若手に対して保護者からクレームがあった際に、平気で保護者に対して「私は知りませんでした。」などと言ってしまいます。それを側で聞いた若手は「今まで側にいて何も言わなかったじゃないですか。」と思い、保護者からは「先生たちは、バラバラなんじゃないか?」と思われます。こうして、内部からも外部からも信頼を失い、「説明のつく」状態からほど遠くなっていくのです。「そこにいるだけでモデル」「そこにいるだけでゴーサイン」を自覚したいものです。

4 切り取ろう

私は、学校を回る際、よくデジカメやタブレットを持って、授業や環境を撮影します。靴箱を撮影したりもします。これは、前著『その指導、学級崩壊の原因です！「かくれたカリキュラム」発見・改善ガイド』で

提案した、「きくかけこ」の「き～切り取る」の管理職版です。

切り取らずに、「今日の三時間目の国語の課題、よく意味が分からなかったんだけれど……。」などと、アドバイスしても、「どんな課題でしたっけ？」となりがちです。しかし、切り取っておき、写真や動画を見せながら「この板書なんだけれど……。」とすれば、具体的に話ができます。

もちろん、いつでも映像で切り取らないといけないという訳ではありません。言葉だけで十分に伝わることも多いものです。「あの発問に、○○君が『……。』と答えたよね。すごいなあと思ったよ。」などと言うと、待ってましたとばかりに「そうなんですよ！」と返ってきて、話が弾むなども多いでしょう。

ポイントは、具体的に場面を共有できるということです。そして、このように切り取ることを心がけているうちに、学校の「かくれたカリキュラム」に気付く力がついていくのです。

タブレットによる指導

5 課題を順序づけ、一点突破を具体的に指示しよう

学校には、改善したいことが山のようにあるものです。しかし、「あれもこれも。」といっぺんに指示しても、改善などできません。課題を順序づけて、まず一点突破することです。その際は、改善の指示を具体的にする

のです。その順序や指示の仕方が、学校運営の質を決めます。

哲学者の森信三先生は、「時を守り　場を清め　礼を正す。これ現実界における再建の三大原理にして、いかなる時、処にも当てはまるべし。」（『一語千鈞』致知出版社、二〇〇二年）とおっしゃいました。まったくその通りだと思います。「時間」「環境」「礼儀」は、組織運営の三大要素です。もちろん学校も例外ではありません。

この「時間」「環境」「礼儀」の三つは、重要な順に挙げられているのだと思います。四八ページでも述べましたが、「時間」ほど公共性の高いものはありません。では、改善の指示も、この順で「時間」管理から着手するべきでしょうか？

私は、本校の改革にあたっては、「環境」から着手しました。それは、次の理由によります。
①「時間」や「礼儀」は見えにくい（その場を過ぎると消える）が、「環境」は、問題の状況、改善の仕方、そして手を入れた成果が見えやすく共有しやすい。
②環境に手を入れるために、自然に職員が協力する体制ができる。共に身体を動かす中で、「ここをこうしたい。」「こうしよう。」というようなアイディアが出やすく、チーム意識が強まる。貢献意識も見えやすくなる。
③一度環境に手を入れると、その効果はしばらく持続する。「見える」。達成感が得られる。
④きれいになった環境は、子供や保護者に直接的・間接的に働きかける。
このようなことから、「環境」の改善は費用対効果がもっとも高く、最初に着手すべきだと考えました。そして、「環境改善」の一点突破で手応えを共有し、次の一点突破に向かうというのが良いと考えたのです。ねらった通り、子供たちは落ち着き、職場に一体感が出てきました。

ちなみに、次に本校で取り組んだのは「会議の定刻開始」と「来客時の服装を整え、全員でお見送りすること」でした。これも比較的「見えやすい」ので、かけるエネルギーに比して、効果は大きいと考えての順序設定でした。これらはあまり無理なく実現できました。この順序にして適切だったと思っています。

〈本校の環境整備〉

乱雑な教材室を

⇩

全員で整理し、

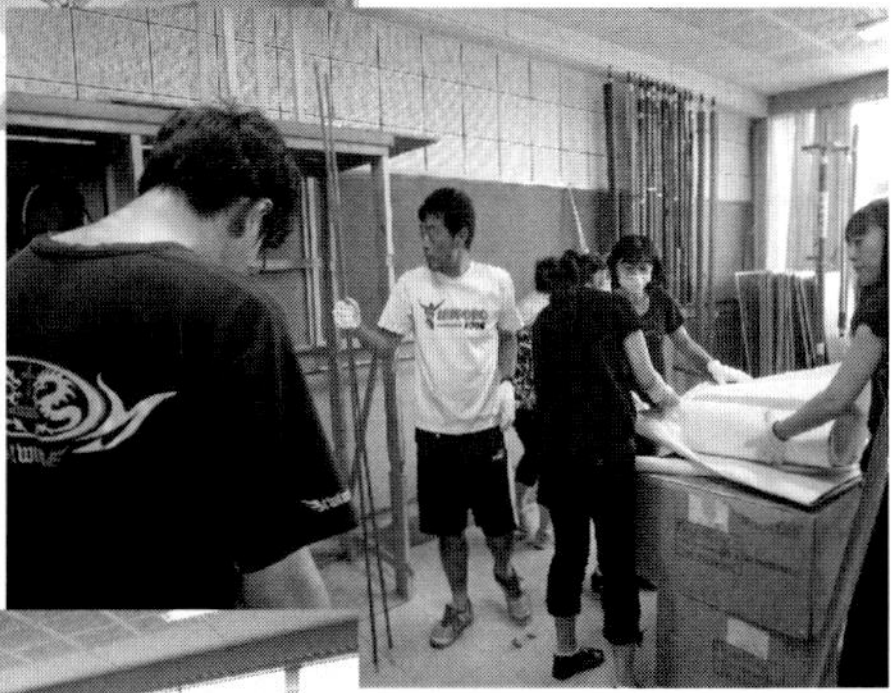

⇩

見違えるように
きれいに

6 指示は早めに明確に。指示したことの確認と評価を大事にしよう

管理職や主任は、部下にいろいろな指示を出します。「○○を、○○日までにやっておくように。」などです。しかし、行政機関のところ（九三～九六ページ参照）で示したように、学校内でも、忙しいため、ついつい期限が近づいてから指示をすることが多く、部下が十分に考えたり準備したりができないことが多いものです。ポイントを押さえた早期の指示は、「かくれたカリキュラム」を予防するためにとても大事です。

また、言葉だけの指示は、思ったほど伝わっていないということも知っておきたいものです。

例えば、授業改善のための助言のつもりで、「『空白の時間』が多いなあ。もっと、全員をテンポよく活動させた方がいいよ。」という指示をしたとします。しかし、これでは、ほとんど何も伝わっていないと考えた方がよいでしょう。もし、「空白の時間」を改善したいのであれば、模擬授業の形式で行ったり、列指名のやり方を示したりするなどして、具体的に行わなければなりません。

やはり多忙なために、往々にして指示しただけで終わり（忘れ）、できていないことが発覚した際に、「言ってあったよね。」など愚痴を言ってしまったりするのもよく目にします。これが繰り返されると、管理職や主任の言葉が軽くなっていき、部下のやらされ感が強まり、やがて反発を招くようにすらなります。これは、組織力を著しく削ぎます。早めの「やった？」という確認を心がけましょう。

忘れそうなら、「できたら教えてください。」と、報告をするように指示しておくことです。これは、子供への指導の原則である「最後の行動まで示してから、子供を動かせ。」（向山洋一著『子供を動かす法則』明治図書、一九八七年、一五ページ）と同じです。

もし、こちらから催促しないうちに部下がきちんと報告した場合は、うんと褒めましょう。

反対に報告がない場合は、「次は、報告も忘れないでね。」と注意します。指示したことを部下が忘れていた場合は、きちんと叱ります。

うまくできていないときには、どこかに迷いや理解不十分なところがあるのですから、そこを改めて説明したり、してみせたりすることが必要になります。伝わっていないのは、聞き手の問題もあるけれど、指示している自分の方により大きな問題があるのだ、と考えましょう。

このような管理職や主任の予測力と、具体的な態度・指示・評価が、まとまりのあるチームをつくっていくのです。

7 ピンチのときにこそ「チャンスだ！」と声に出そう

例えば、保護者や地域の方からのクレーム電話を受けた管理職が、暗い顔でため息をついて受話器を置くと、「問題は、嫌なものだ。暗くなるだけだ。いいことは一つもないのだ。」という「かくれたカリキュラム」が働きます。

問題のない学校、職場などありません。問題は、必然かつ必要なのだと考えましょう。問題を乗り越える中で学校は良くなり、職員は成長していくのです。

むしろ、管理職や主任は問題が見えたときに、「ようし、改善のチャンスがやってきた！　ここを乗り切れば、もっといい学校になるぞ！」と力強く声に出してほしいと思います。

このような管理職や主任の腹の据わった言動が、速やかに問題を解決する「かくれたカリキュラム」となって、チームを引っ張っていきます。ため息をつくほんの数秒の遅れが、その後の動きに強力なブレーキをかけることを知っておきたいものです。

普段からの生き方、特にピンチのときの態度を「説明のつく」ものに高めておくことが大事なのです。普段、ピンチを避け、逃げている管理職や主任から「がんばれ。」と言われても、「あんたに言われたくない。」と思われるのがオチです。


単なる心がけ論は無意味です。学校運営の「かくれたカリキュラム」を改善するには、具体的に実践することが必要です。

それも、まずは自分から、です。人（部下である教職員や保護者、地域の方）を変えるより先に、自分を変えることです。

そうしないと、「あんたに言われたくない。」と思われる上司になってしまいます。


以上、七つの提案をしました。私も心がけてはいますが、どの項目も十分にはできていません。自戒を込め、自分自身の目標として、今後も精進していきたいと思っています。

第６章
学び方は指導されているか？

本章は、前著に続き武藤久慶氏に学び方の指導の欠如を、「かくれたカリキュラム」の視点から説き起こしていただきました。

日常的に行っている授業や補習では、学習内容の理解については意識しても、学習の仕方の指導までは意識できていないことが多いのではないでしょうか。それが「かくれたカリキュラム」となって、子供たちの自己肯定感を損なっていることを、実に多く目にします。授業改善の指針として、しっかりと意識したいものです。

前著において、私は次のように指摘した。

児童生徒の中には効果の上がらない学習方法を繰り返している者も見られる。知識の習得方法や効果的な復習の仕方を指導せず、やみくもに努力させ、努力に見合う成果が出ないことが連続した場合、教師の指導の欠如も含む一連のプロセスが「かくれたカリキュラム」として機能し、「勉強はやってもできるようにならないこと」「努力は成果につながらないこと」を教えてしまっているということにならないだろうか。また、塾等で学習方法を指導されている子と、そうでない子との間の格差を助長するような事態になっていないだろうか。

『その指導、学級崩壊の原因です!「かくれたカリキュラム」発見・改善ガイド』(明治図書、一三六ページ)

学校は子供が勉強して賢くなるところである。昨日できなかったことができるようになるところである。そうした小さな成功体験の積み重ねを教育的にデザインし、将来の自立に向けたスモールステップを刻んであげるところである。我々教育関係者はそのために日々努力している。にもかかわらず、こうした事態が生じているとしたら、あまりにも悲しく、勿体ない話ではないかと思う。

本章では、前著で深めることができなかった「学び方の指導の欠如」に潜む「かくれたカリキュラム」の様相とスクールリーダーが取り組むべき事柄について、様々な文献や実証的データを紹介しながら私見を述べる。なお、紙幅の都合もあり、様々な学習活動の基盤となる「知識の習得」に関する指導の観点を中心に据えていることをあらかじめお断りしておく。

1 学び方指導の欠如について具体的なイメージをもつ

まず、学校現場の事例をもとにして、初歩的なところから話を始めよう。

上條晴夫氏（東北福祉大学教授）の『実践子どもウォッチング』（民衆社、一九九三年、一一六〜一一九ページ）の中に次のような記述がある。

> 毎年、学年初めには、必ず、子どもたちの漢字学習法の観察をした。指導法は、漢字テスト中心に組み立てていた。家庭での漢字練習を持続させる支援システムとして漢字テストを考えたのである。（中略）「五分で十問のテストをします。テスト前に、各自十五分間、練習をしなさい」（中略）子供の漢字学習法には、次の三つがあった。①ボンヤリと眺める。②ノートに書き写す。③自己テストをする。
>
> 成績下位グループの子どもたちは、ノートを使わない。成績上位グループの子は、ノートを使い、自己テスト法を採用する。漢字テストの成績を大きく分けるのは、ノート作業を採用するか否か。自己テスト法をするようになると、成績が向上し安定する。

この箇所を教員研修等で紹介し、「先生の教室には①や②の子がいますか？」と尋ねると、かなりの数の先生方が手を挙げる。改めて強調したいのは、①の段階の子供が一定数いるということである。②に留まる子供も相当数いるということである。この子たちは漢字の覚え方を知らないのである。教わっていなかったのか、効果的でない指導だったので覚え方までは定着しなかったのかは定かでない。優れた教育技術が蓄積されているのに勿体ないことである。

当たり前のことであるが、漢字の読み書きができなければすべての教科がどんどん分からなくなる。このような初歩的なところで、覚えられるものも覚えられず、分かるはずのことが分からず、「がんばってもできない。」「自分はクラスメートよりも頭が悪い。」などと「誤学習」を繰り返してしまうとしたら、これは「かくれたカリキュラム」そのものである。もちろん上條氏は支援の一環としてウォッチングしておられたわけであるが、あなたの学級・学年・学校の子供たちはどうだろうか。適切な手立てを講じるのか、この状況を放置してしまうのかで大きな差が出ることは言うまでもない。漢字の読み書きは学習指導要領において、「学年別漢字配当表の当該学年までに配当されている漢字を読むこと。また、当該学年の前の学年までに配当されている漢字を書き、文や文章の中で使うとともに、当該学年に配当されている漢字を漸次書き、文や文章の中で使うこと」とされており、各学年において前年度までの未習得の「負債」をフォローしなければならない構造となっている。当該学年には当該学年固有の指導事項がある。学び方の指導なしにはこのフォローは十分なものとならないであろう。例えば管理職やミドルリーダーが中心となって日時と観察の観点を決めて、子供の学習方法や教師の指導方法をチェックするなど、学校全体で定期的にアセスメントしてみてはどうだろうか。

指導の実態に即した基本的な例をもう一つ紹介する。関西福祉大学の加藤明学長（教育方法学）は、「第9回小中一貫教育全国サミットｉｎ姫路」（平成二六年一〇月）において、次のように述べた。

> どういう宿題を出してるのか、いい機会だから点検していったらいい（略）。「次からごんぎつねが始まります。（略）ごんぎつねを読んできて、すらすら読めるようになってきて、難しい言葉と難しい漢字を調べてくることが宿題ですよ。」で終わっちゃう方がいいのか。「（略）三分だけ時間あげるからね、ここ

で声を出して読んでご覧、読んでたら難しい漢字出てくるでしょ、それマークしておこう。」とかね、「ちょっとこの言葉分からないね、それ線引いておこう、それをやってくるのが宿題なんですよ。」と言って学校でちょっとかじってるとスムーズに行きますよね。そういう形で学び方を教えていきながら、ということも九年間で考えて行かなきゃいけないないなあと思います。

これは小中一貫教育の文脈でなされた発言であるが、発達段階を踏まえながらこうした小さな取組を、学校全体の「共通指導計画」に位置づけていけば、相当の効果が見込めるのではないか。逆に言えば、こうした取組を行わない学校では、親や塾教師の支援を受けられる子供たちとそうでない子供たちの格差を生むような「かくれたカリキュラム」が機能していないか。宿題の出し方というと、依然として多くの学校現場で個々の教師任せになっている事柄であるが、学び方の指導という観点から、管理職やミドルリーダーが音頭を取って改めて学校全体の点検を行ったり、ベテラン教師が中心となって、効果的な指導とそうでない指導を比較するワークショップを企画するなどして、一定の共通認識をもって取組を進める必要があるのではないかと思う。

二つの事例を紹介した。これらは、事柄として特段目新しいことではないかもしれない。しかし、こうした取組が学校全体として徹底されているか、「持ち上がり」がなくても発展的に継続できているかを問題にしたいのである。

2 心理学・脳科学の視点から

読者の皆さんは「知識には様々な種類があること」をご存じだろうか。そして、それを指導に活かしているだろうか。まず、教育心理学の議論を少しだけ紹介する。宮城教育大学の西林克彦教授は次のように指摘する。

> 応用問題を解くためには、そもそも補助知識が必要で、それが不足しているだけなのに、それを「応用力」や「思考力」というような漠然とした能力が不足しているからだと考えてしまうのです。このような能力のなさが、できないことの理由だと考えてしまうと（略）子供が、その分野や算数全体を苦手だと思うようになるのは当然の成り行きでしょう。しかも、不幸なことに、子供が応用問題をできないときに、大人の多くも「応用力」や「思考力」がないからだと考えているように思えます。もしそうであれば、大人が子供の苦手意識を助長していることにもなりかねません。
>
> 西林克彦著『あなたの勉強法はどこがいけないのか？』（筑摩書房、二〇〇九年、三三〜三四ページ）

この考え方は、「かくれたカリキュラム」の発想になっていることにお気付きだろうか。私は、補助知識を教えないこと、あるいは、そもそも「補助知識というものの存在」を意識せずに、応用力とか思考力といった漠然とした世界で指導者側が思考停止することが、意図せずして子供の苦手意識を助長してしまう「かくれたカリキュラム」として機能するという恐ろしい状態を指摘したものと受け止めた。なお、右の図は長方形の面

公式を問題に生かすための補助知識

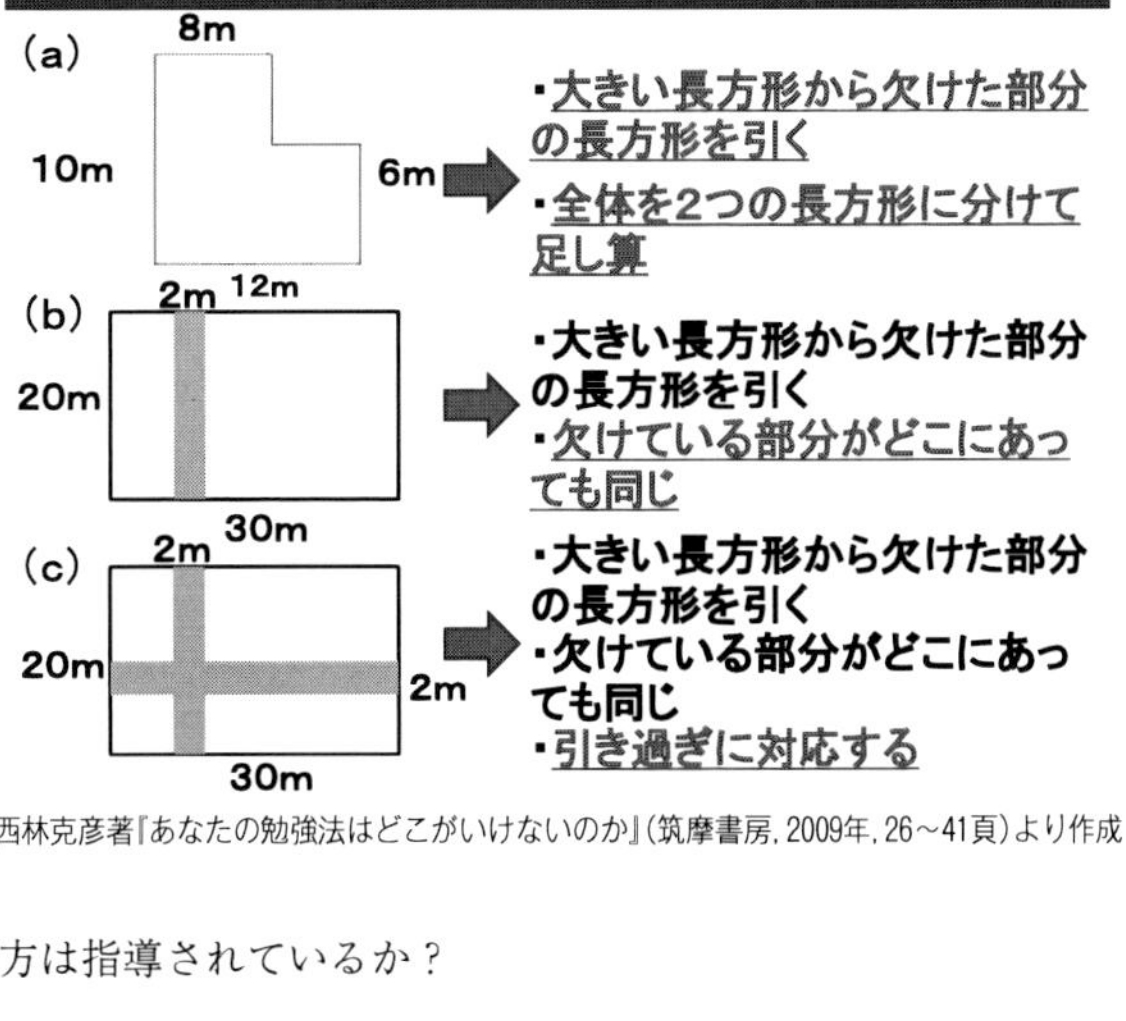

西林克彦著『あなたの勉強法はどこがいけないのか』（筑摩書房, 2009年, 26〜41頁）より作成

積を求める公式を活用する際に、必要となる補助知識の例として西林教授が紹介しているものである。このような補助知識は板書やノート指導などを通じてもっと意識的に教えられてよいのではないか。

もう一つ基本的なことで理解しておきたいのは、知識と知識をつなげる「接続的知識」の重要性である。瀬尾美紀子氏は次のように述べている。

「思い出したい情報」に「複数の別の情報」が付加されていると、記憶の検索時に複数の検索ルートが確保され、思い出しやすくなるのです。具体的な方法として、第1に理由や根拠を調べたり考えたりしてまとめることが挙げられます。例えば、1年生の社会科「世界の地域と住居」に「アンデスの伝統的な住居は日干しレンガや石で出来ている」という事項があります。これを丸暗記するのではなく、「アンデスは高山のため材料である木材が乏しいから」「レンガや石は高山でも手に入れることが出来るから」など、理由と一緒に覚えると、記憶が定着しやすくなります。

「自律的な学習習慣と確かな学力の定着を促す学習方略とは」(『VIEW21』ベネッセ教育総合研究所、二〇一四年、Vol.3 中学版、五ページ)

筆者がこの箇所を教員研修で紹介するとかなりの割合の先生方が驚く。「覚えなければならない知識が多ければ多いほど覚えられないに違いない」という素朴な思い込みがあるのである。「それは一概に言えないのだ」ということは指導の専門職として知っておかなければならない。

東京大学の市川伸一教授は次のように言う。

「自ら学ぶ」というのはあくまでも目標なのであり、発達の過程では指導や支援が必要である。とくに、反復練習だけではなく、情報を構造化してとりいれることが、記憶したり応用したりする際に決定的に重要であることを、児童・生徒にも知ってもらい、学習方法に生かしてほしい。これは、思春期以降の学習にはとりわけ必要なことだ。家庭学習の比重がしだいに高まり、しかも、反復重視の学習から理解重視の学習に脱皮する時期だからである。

市川伸一著『学力低下論争』（筑摩書房、二〇〇二年、二三二ページ）

優れた学び手は無意識に「補助知識」や「接続知識」を活用している。既習事項との関係などをノートに整理して知識の構造化（体制化）を図っている。学校全体として、あるいは小中が連携してこれらの知識を明示的に板書したり、ノートに取らせたりする取組を進め、より多くの子供たちにその重要性を意識させたり、効果的な振り返りに活かしてはどうだろうか。従前の板書やノート指導の延長で比較的容易にできるはずであり、多忙な学校現場にとっては、「費用対効果」が高い取組になり得るのではないだろうか。

次に復習指導の重要性について述べていきたい。近年は家庭学習の手引きの配付などが広く行われるようになってきているが、このことについて考える際、脳科学の知見もヒントを与えてくれる。

短期記憶を長期記憶に移行させるプロセスを司る「海馬」の専門家である池谷裕二氏（東京大学准教授）は、復習のタイミングについてのヒントを次のように述べている。

海馬は脳に入ってきた情報の取捨選択をする工場です。海馬に情報が留まっている期間は、情報の種類にもよりますが、短い場合ですと、一ヶ月程度のようなのです。海馬は情報を一ヶ月かけて整理整頓し、何が本当に必要な情報なのかを選定しているのです。だから、一ヶ月以上をあけて復習しても、海馬にとってははじめて習ったことと同じにことになってしまうのでしょう。逆に一ヶ月以内に何度も復習をすれば、海馬は「わずか一ヶ月の間にこんなに何度も！　これはきっと大切なものなのだろう」と勘違いしてくれるわけです。

池谷裕二著『受験脳の作り方―脳科学で考える効率的学習法』（新潮社、二〇一一年、六七～六八ページ）

池谷准教授は、同じ書籍（七四～七八ページ）の中で、スワヒリ語の単語を覚える際の記憶法の違いによって、どのような効果の違いが出るかという学術的な実験を紹介している（Karpicke, J.D.&Roediger, H.L., 3rd. The critical importance of retirieval for learrning. Science 319, pp.966-968）。まったく知らないスワヒリ語の単語を四十個覚えて確認テストに臨むのだが、当然満点は取れない。その後もう一度テストを受けさせられる。その直前の学習方法を４パターンに分けて比較するのがこの実験である。

グループ1…すべての単語を暗記し直して、すべての単語をテストし直す。
グループ2…間違えた単語のみ暗記し直し、すべての単語をテストする。
グループ3…すべての単語を暗記し直して、間違えた単語のみをテストする。
グループ4…間違えた単語のみを暗記し直し、間違えた単語のみをテストする。

詳しくは本書をお読みいただきたいが、大方の予想に反して、単語をいったん覚え切るまでの時間はグループ間での差が出なかった。しかし、一週間後に再度テストをしたところ、グループ1と2は約80点取れたのに対し、グループ3と4は約35点しか取れなかったと言う。池谷准教授は次のように言う。

> 脳には「入力」と「出力」があります。単語を叩き込んで覚えるという行為は「入力」に相当します。一方、蓄えた情報をもとにテストを解いてみるという行為は「出力」に相当します。実験結果の意味するところは、記憶するには出力（テスト）を手を抜かずにやった方がよいということです。（中略）海馬の立場から言えば、「この情報はこれほど使用する機会が多いのか。ならば覚えなければ」と判断するというわけです。ですから、詰め込み型の勉強法よりも、「知識活用型」の勉強法の方が、効率的だということになります。身近な例に応用するのであれば、教科書や参考書を何度も見直すよりも、問題集を何度も解くような復習方法のほうが、効果的に学習できるはずです。

それまでは見たことも聞いたこともなかったスワヒリ語の単語を用いた実験であるということは割り引く必要があろう。勉強時間は限られているので、一〇〇％定着したと確信できるものまで自己テストしてみるかどうかは個別の判断があろう。単なる反復だけではなく、学習や生活の中で使ってみるという経験をどう豊富に確保するかという論点もあろう。その意味では、こうした学術的知見は、鵜呑みにすべきものというよりは、子供の実態や学習内容の特質に応じて学校現場が工夫していく際の重要な参考資料として位置づけるべきであろう。

いずれにせよ、適切な「復習のやり方」「タイミング」を教えることは立派な学習方略指導と言える。「復習しなさい。」「何度も繰り返しましょう。」「テスト前だから勉強したことを見直しておくように。」程度に留まっているとしたら、「よく考えなさい。」「もっと丁寧に書きなさい。」と言うだけの指導と変わらない。やり方を知らない子供に「自分は復習しても勉強ができるようにならないのだ。」と学習させてしまう「かくれたカリキュラム」を提供している可能性を疑うべきである。よい復習の仕方と悪い復習の仕方、結局より多くの時間を勉強に費やす羽目になる駄目な復習の仕方もある。復習をしないと習わなかったのとほとんど同じであり、極論を言えば習った時間が無駄だったということもある。このあたり、認知心理学や脳科学の知見も踏まえつつ、プレゼンテーションの仕方にも気を配りながら、クイズ形式やワークショップ形式を取り入れて子供たちに楽しみながら学んでもらう機会を設けるのも面白いのではないかと思う。学校全体で取り組んでみてはどうだろうか。

なお、単元テストの連続からなる小学校の指導と評価のあり方は、復習を効果的に繰り返し、学習内容を定着させる観点からは脆弱性をはらんでいる。最初の一か月の間に自然に繰り返せるような宿題の工夫、その後も忘れかけそうな頃に出力の機会が来るような指導計画、困難単元が始まる前に数日間かけて下位学年の関連既習事項を少しずつ宿題に出してレディネスを高める工夫……年間を通じて、あるいは学校段階を通じて既習事項の定着を図るための工夫などが、カリキュラムレベル・指導方法レベルでもっと研究されてよいのではないかと思う。

全国の学校を見てきた経験からすると、学習内容を定着させやすいカリキュラムや指導計画がある一方で、定着がしづらいカリキュラム・指導計画や、そもそも定着が図られてさえいないカリキュラム・指導計画が現に存在するのである。習得と活用と探究と言われるが、「望ましい活用」は多くの場合、「確実な習得」を基盤として実現するわけで、習得を効果的・効率的に行う「システム」を学校として整備しておくことは、教育課程・指導方法のさらなる高度化に向けた条件整備を図るという意味でも極めて重要ではないだろうか。

3 学習方略の欠如をデータで確認してみる

次に、いかに多くの子供たちが基本的な学習方略を身につけていないかについてデータで見ていこう。次ページの図はベネッセ教育総合研究所「小中学生の学びに関する実態調査」（速報版）（二〇一四年一〇月）の結果である。一般に勉強が得意な人が行っている様々な工夫（方略）を認知心理学の見地に基づき整理し、それらの方略をどの程度の割合の小・中学生が採用しているかを調べたものである。例えば「リハーサル・記憶方略」を例に挙げれば、「くり返し書いて覚える」、「声に出して覚える」、「図や表に書いて覚える」といった極めて基本的な方略を大多数の子供たちは使っていないことが分かる。

これらの点については、先ほどの池谷准教授も「……復習のときも、はじめて学習するときと同様に、目で追うだけでなく手で書く、声に出すといった努力をして、できる限り多くの五感を使うべきです。こうした目・耳・手などの五感の情報はすべて海馬を刺激するのに役立ちます。」と述べている（前掲書、六七～六八ページ）。認知心理学的にも脳科学的にも根拠がある事柄だが、実は目新しいことでも何でもなく、優れたベテランの先生方が伝統的にやってきたことである。それらが世代間で必ずしも具体の指導として継承されていないことや、学校全体の取組になっていないことが問題なのである。この際、学術的知見を踏まえて我が国の教師が積み上げてきた指導のよさを再確認する中で、指導技術を継承してはどうだろうか。

なお、同じくベネッセ教育総合研究所が実施した「中学1年生の学習と生活に関する調査」（二〇一二）によれば、成績が伸び悩んだ（上位から下位に転落、中位から下位に転落）子供たちのうち、8割以上が「テストの点数や成績が悪かったとき、どう勉強すればよいか分からなかった。」と答えている。「どう勉強すればよいか分からない」ままの状況が続き、「賢くなるためのプロセス」が「自分は勉強ができない人間なのだと学習するプロセス」になってしまうとしたら、それはあまりにも残念な「かくれたカリキュラム」であると言える。結論は極めてシンプルである。「勉強のやり方が分からないのであれば、勉強のやり方を教えたり、考えさせたりしようではないか」ということである。

勉強方法（認知的・メタ認知的方略）①

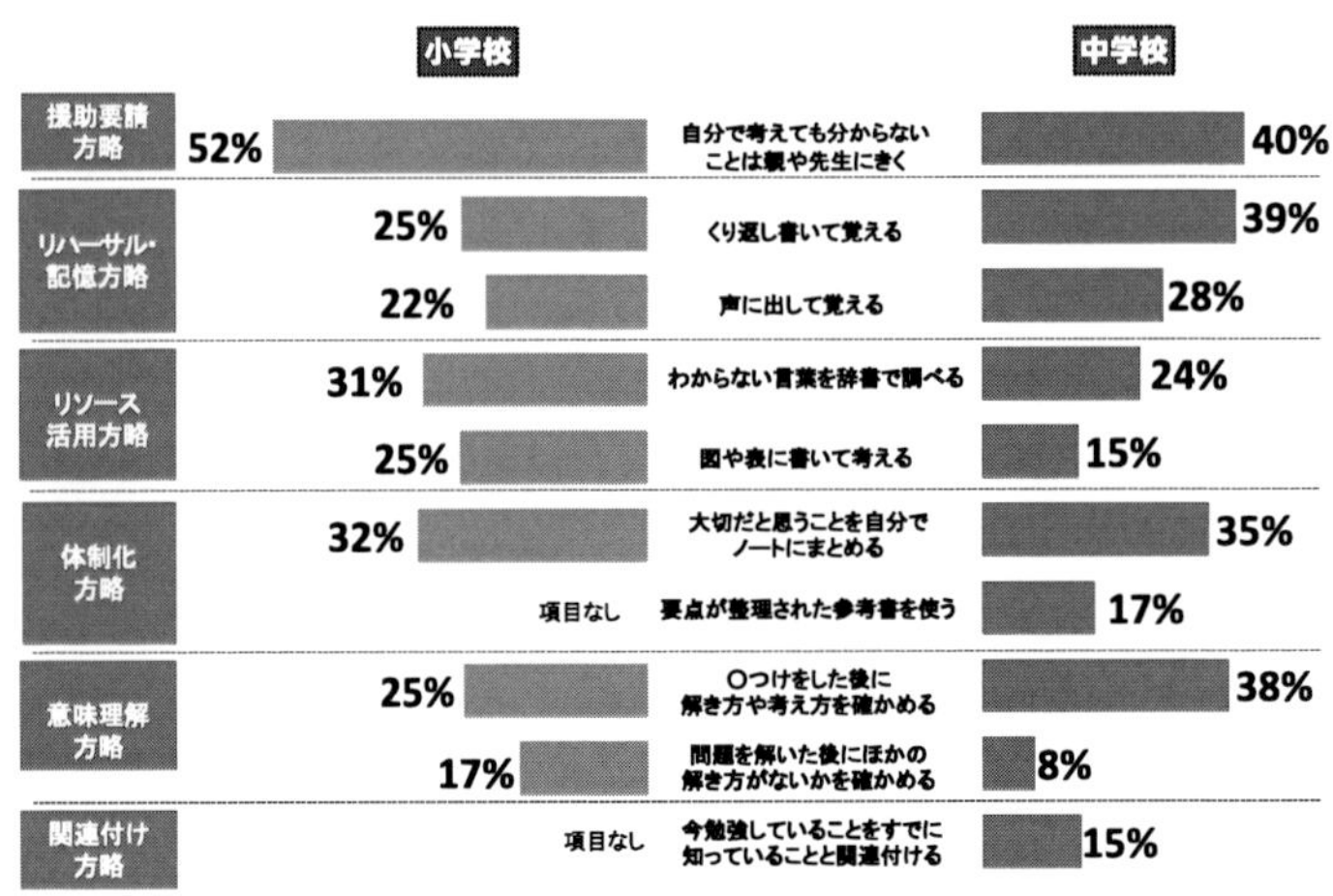

※「よくある」の回答のみ抽出
ベネッセ教育総合研究所「小中学生の学びに関する実態調査」（速報版）（2014年10月）

勉強方法（認知的・メタ認知的方略）②

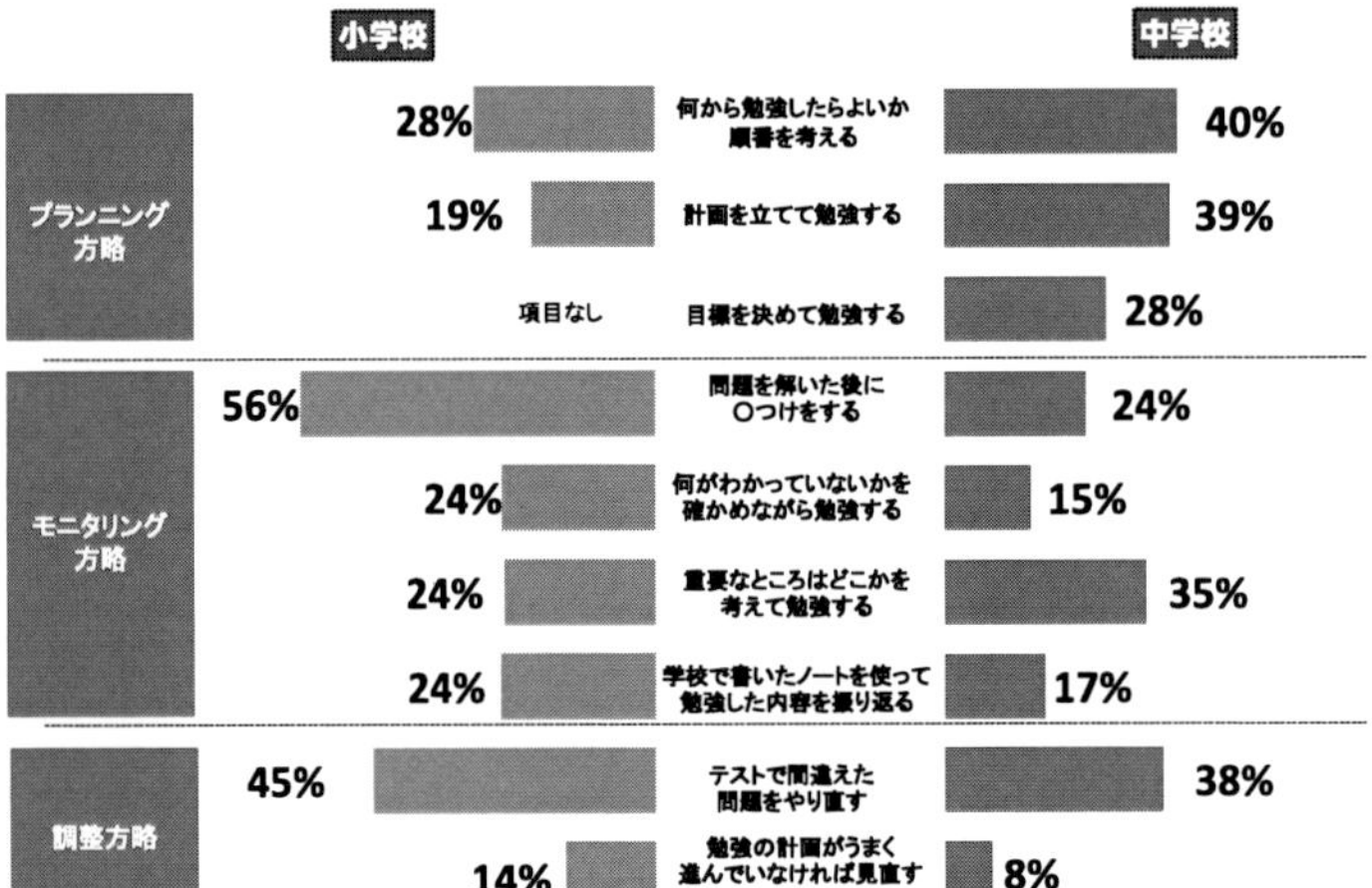

※「よくある」の回答のみ抽出
ベネッセ教育総合研究所「小中学生の学びに関する実態調査」（速報版）（2014年10月）

筆者は様々な教員研修で学習方略についてお話しする際、こうした大規模調査の質問紙項目も参考にしながら、自校の子供たちが学習方略をどの程度使っているかについてアセスメントをしてみたらどうかと提案している。その結果も踏まえて、各学年で発達段階に応じた学び方講座を開いてもよいし、優れた勉強のやり方を共有してもよい。あるいはアセスメント結果も踏まえて個別の学習相談を行うという方法もある。少々の手間ではあるが、いったん勉強の仕方を納得して覚えてもらえれば、その後の学習指導も格段に効果的・効率的になり、より高度で豊かな教育活動の余地も大きくなる。そもそも、自律的な学習者を育てることは我々の本務である。「学校は、学校を不要にするために教育をする機関である」(宇佐美寛著『宇佐美寛・問題意識集10 自分にとって学校はなぜ要るのか』明治図書、二〇〇三年、六ページ)という言葉を改めてかみしめたい。

4 小中連携・一貫教育という観点

次に若干発展的な話になるが、小中連携・一貫教育の観点で本稿のテーマを見ていこう。学校単独の取組を超えるものだからこそ、教育行政の支援の下、管理職、ミドルリーダーが率先して取り組まなければならない事柄である。

まず、次ページの図のデータを見てほしい。中学校に入ったときに、「上手な勉強のやり方が分からない子供」や「勉強が計画通りに進まない子供」が大幅に増加していることが見て取れる。中一ギャップというと生徒指導上の問題がクローズアップされることが多いが、管見では生徒指導上の中一ギャップが発生していない学校は多々あれど、学習指導上のギャップが生じていない学校は少ないと思う。教師の教え方がまったく違う。授業のスピードや量についていけない。これまでの単元テスト文化においてはテストのために総復習するとい

学習上の悩み（学年別）

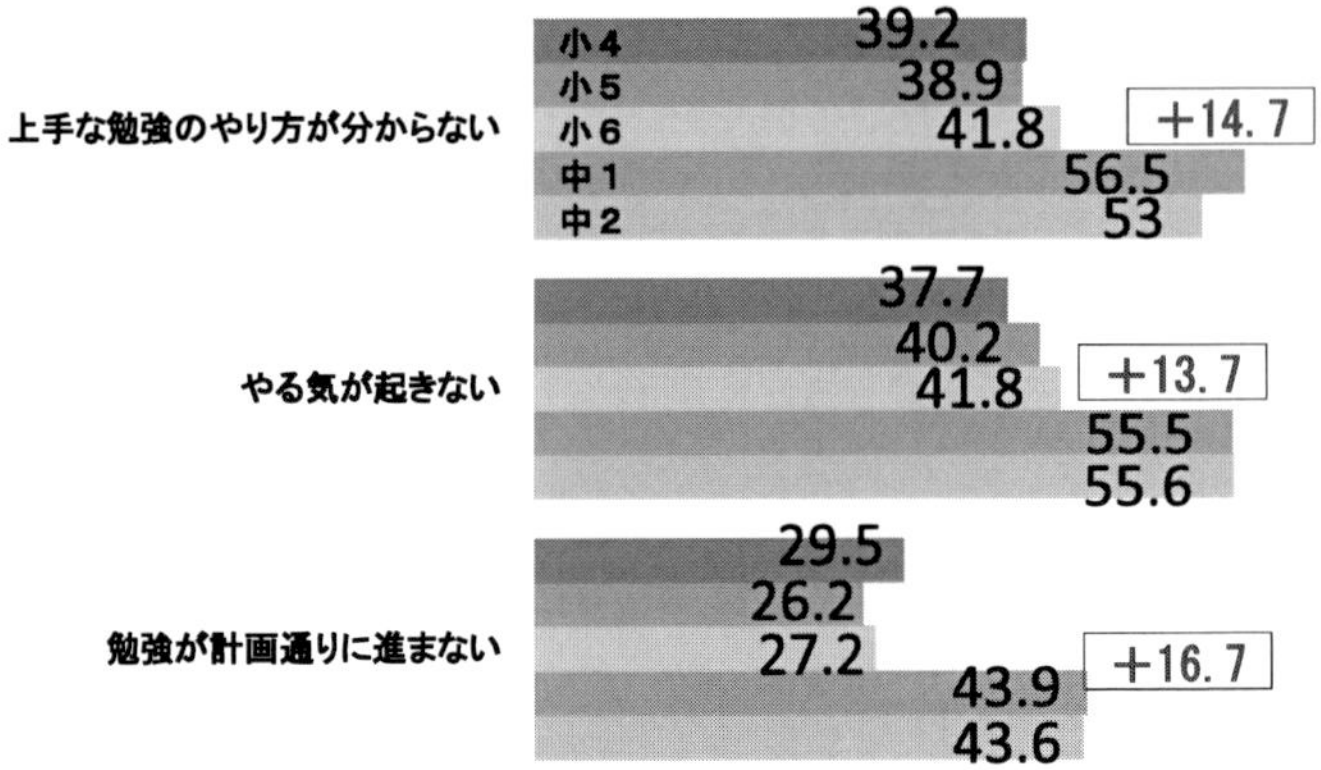

※単位　%。複数回答。
ベネッセ教育総合研究所「小中学生の学びに関する実態調査」（速報版）（2014年）より

う行為は不要であったが、中学校の定期考査ではそうはいかない。高校受験を念頭に置いたストレスがだんだんに高まるこの時期。部活動も始まり、生徒指導も厳しくなり、人間関係や生活時間が激変する中にあって、相当数の子供たちが勉強につまずいている。中一ギャップというのは、言い方を変えれば義務教育九年間の顕在カリキュラムに潜む「かくれたカリキュラム」そのものである。子供につまずいてほしいと思っている小・中学校の先生は一人もいない。にもかかわらず、小六と中一の間の意図せざるギャップに適応できない子供たちが相当数生まれるのである。カリキュラムに「落とし穴」が掘ってあると考えると分かりやすいかもしれない。こうしたギャップを緩和していくための取組は、平成一二年に広島県の呉市が実践研究を開始して以降、全国各地で長年にわたる蓄積がなされており、徐々に取り入れる学校も増えている。しかしながら、管見では、九年間一貫・継続した学習方略の指導はほとんど行われていない。

例えば６・３の教育課程を４・３・２などの区切りに便宜上整理し、中間段階である「３」の中で中学校段階への橋渡しをスムーズにする取組や、その一環として定期テストを段階的に取り入れていく取組も増えつつあるが、例えばこれに加えて、教科を超えて有効な学習方略に関する指導を意識的に取り入れていくといった工夫も考えられる。中学校段階の学習、さらにはその先も見通した自己学習能力を育む観点からも、小・中の先生方が連携して小学校段階から学習方略に関する指導を進めていくことが極めて重要ではないかと思う。

なお、小中一貫校の取組ではないが、岡山県倉敷市の柏島小学校は、東京大学の市川伸一教授や同大の植阪友理助教の助言を受けながら、自己の認知状態を客観的に診断する力である「メタ認知」を育てる実践を行っている。例えば、授業の前には、予習を行うことを促し、予習のさせ方も工夫する。具体的には、予習を行う際に、どのような点が理解できなかったかを明らかにし、「次の授業ではこの部分を重点的に学ぼう。」と子供なりの「めあて」をもつよう指導した。さらに、高学年でこうしたことを実行できるようになるまで、低学年、中学年、高学年とそれぞれの発達段階に応じた予習のさせ方を工夫し、段階的に引き上げていった（市川伸一・植阪友理「社会に生きる学び方とその支援」）。同校は認知心理学の知見を踏まえ「学び方5（ファイブ）」と銘打った家庭学習の手引も作成し、指導に活用するなど、注目すべき実践も行っている。

なお、家庭学習の手引については近年作成する学校が増えているが、内容も使い方も玉石混淆であり、改善の余地が大きいものが多い。例えば、授業の中で「分かる」「できる」ように手を尽くし、その上での家庭学習でなければならないはずなのだが、授業で取り扱えなかったことや十分に指導していないことを安易に宿題として出している例もある。また、手引きの配付をもってよしとしており、指導に活用されていない学校が多いことも大変気になる。配付するだけでは大多数の子供は使わない。手引の活用方法も含めた指導の工夫と継続（まさに学習方略の指導計画）を学校として組織的・継続的に行えるかが問われている。例えば西留安雄氏は東村山市立大岱小学校校長時代、「まなブック」と名付けた自学用の手引を開発し、常にこれを机上に置かせて徹底的に活用させた（村川雅弘、田村知子、東村山市立大岱小学校／編著『学びを起こす授業改革　困難校をトップ校へ導いた〝大岱システム〟の奇跡』ぎょうせい、二〇一一年　を参照）。また、ＩＣＴ活用の第一人者である堀田龍也氏（東北大学教授）は、学び方を身につけさせる観点から、実物投影機を活用し、学校全体でノート指導を効果的・効率的に行う取組を提唱している。タブレットＰＣの活用や学習履歴の管理が簡便にできる時代はすぐそこに来ている。知識の習得のみならず、学び方の指導の観点からもＩＣＴの活用は今後ますます重要になってくるだろう。

5 学習指導要領の記述を改めて読み直す

学習方略に関する指導の重要性について、国はどのような考え方を示しているのだろうか。改めて学習指導要領の解説を読むと次のような記述が見つかる。

> 児童（生徒）が主体的に学習を進められるようになるためには、学習内容のみならず、学習方法への注意を促し、それぞれの児童（生徒）が自分にふさわしい学習方法を模索するような態度を育てることも必要となる。そのための児童（生徒）からの相談にも個別に応じることが望まれる。なお、こうした指導方法の工夫はすべての児童（生徒）に対応するものであるが、学習の遅れがちな児童（生徒）には特に配慮する必要がある。
>
> 『小・中学校学習指導要領解説総則編』七二ページ（小）・七三ページ（中）

今日的な感じもするこの記載であるが、実は平成元年の改訂時から、ほぼ同様の文言が盛り込まれ続けている。平成一〇年の改訂時に文部科学省が作成した指導資料の中には、学び方を「基礎・基本」に位置づけるイメージ図が盛り込まれていたほどである。しかし、多くの教育委員会、学校現場でこのことは必ずしも重視されてこなかったのではないだろうか。実際、筆者がこの記述を話題に出すと「そんな記述があるなんて知りませんでした。」と驚く教育委員会関係者が少なくない。

累次の学習指導要領の改訂に携わっている市川伸一教授（認知心理学）は次のように述べている。

伝統的な学校は、知識を伝え、その定着度を見るためにテストをし、生徒たちを送り出してきた。「自ら学ぶ力を育てる」と言っても、そこでは暗に知識をゴールとみなしていなかっただろうか。また、「自ら考える力が大切」と言うとき、内的リソースとして知識が不可欠なことや、外的リソースとしての他者や道具と関わりながら考えることは、十分考慮されてきただろうか。教科の内容的な知識を学校が保障するべきなのは言うまでもない。しかし、わが国の学校教育で今後重視しなくてはならない点というのは、まず学習スキルを明示的にとりあげて、自律的な学習ができるように促すことであろう。

市川伸一著『学力低下論争』（筑摩書房、二〇〇二年、二三二ページ）

二〇〇二年の著書からの引用であるが、極めて今日的な指摘を含んでいる。ちなみに、この「外的リソースとしての他者や道具と関わりながら考える」という部分と併せて考えたいのが、堀田龍也教授（東北大学教授）の次の指摘である。

「学び方の学習、ラーニングスキルズ」を義務教育でしっかり育てておく必要があるということです。今は大学生に初学者教育として、レポートの書き方や図書館の使い方などを教えていますが、小中学校時代にきちんと養っておくことが必要だと思っています。これからのリソースはメディア経由、人とつながるのもメディアを通してということが主流になりますから、メディアを道具として使える力がさらに大切になってきます。

堀田龍也・山内祐平「対談：これからの学習環境とメディアへの期待」『放送メディア研究12』日本放送協会放送文化研究所、二〇一五年、二九八ページ

改めて周りを見渡してみよう。教科の内容的な知識を保障するプロセスと学習スキルを習得させるプロセスを有機的に関連づけて相互作用を狙うカリキュラムがどの程度存在するだろうか。率直に言って、まだまだ取組の余地が大きい学校が多いのではないか。社会の変化がさらに激しくなると大方の識者が予測している。学校の授業は「それ自体で学ぶ価値のある内容」を厳選して取り扱っていることはもちろんのことだが、それと同時に、「将来何を勉強することになったときでも困らないように、学校という場で『学びの練習』をしているのだ」という意識を子供たちにもたせたいものだと強く思う。これはキャリア教育という視点でも重要なことであろうし、「学校で習うことは社会に出てから役に立たないことなのだ」と学習させる極めて強力な「かくれたカリキュラム」との戦いでもある。

そのように考えてみた場合、そもそも「勉強の仕方を教えること」自体への強いアレルギー反応が広範に存在していることは大変残念である。早稲田大学の向後千春教授（教育工学、教育心理学）は『教師のための「教える技術」』（明治図書、二〇一四年、一〇三ページ）の中で次のように述べている。

学校の先生と予備校の先生を比べてみると、予備校の先生は効果的な学習方法について話すことが多いようです。……一方、学校の先生の中には、「効率的な勉強法」、つまり「ラクをして勉強する方法」は教

えない方がいいと考えている人もいるかもしれません。しかし、そんなことはありません。もし覚えてなければいけない事柄があるのであれば、それは効率的に覚えた方がいいのです。そうすれば、余った時間でそれを応用することができます。その結果として、学習内容全体を深く理解できることになります。

相当数の公立学校（特に小学校）の先生にとってこのような物言いは刺激的なのだという声も聞く。背景に「効率」という本来中立的（イデオロギーフリー）な概念を「悪である」とか「教育的でない」とする素朴な思い込みがあるように感じる。世界トップレベルの我が国の教育界において、少なからぬ関係者がこのようなところで留まっているとすれば、極めて勿体ない話であると常々思う。このような当たり前のことは当たり前のように指導し、学習内容の確実な定着を保障しつつ、知識の習得に留まらない、より高度で豊かな学習活動にエネルギーを割けるようにしたいものである。なお、学校現場における効率概念の考え方については、岡本薫著『教師のための「クラス・マネジメント」入門—プロのイニシアティブによる改革に向けて』（日本標準、二〇〇八年）に詳しいので、ぜひご覧いただきたい。

6　分からない、できないの行き先

「分からない」、「できない」が毎日続くとどうなるだろうか。もう少し深めて考える必要がある。一つ目に考えたいのは、そうした状態に子供が「適応」し、「どうせ自分にはできないのだ」という投げやりな態度を身につけさせてしまうという「かくれたカリキュラム」である。

読者の皆さんは「学習性無力感」（learned helplessness）という言葉を聞いたことがあるだろうか。心理学者のマーティン・セリグマンらは、イヌを使って二段階にわたる動物実験を行った。まず、イヌを動けないように固定して電気ショックを予告なしに与えるのだが、第一のグループは鼻先にあるパネルを押すと電気ショックを止めることのできる「逃避可能群」で、第二のグループは、何をしても電気ショックを回避できない「逃避不可能群」であった。次に続く実験では、ある信号に反応して柵を跳び越えれば電気ショックを回避できる条件が設定された。しかし、最初の実験で逃避不可能な状況に置かれたイヌたちは逃げることをあきらめ、電気ショックに耐え忍ぶようになってしまったという衝撃的なものである（詳しくは、鹿毛雅治著『学習意欲の理論　動機づけの教育心理学』金子書房、二〇一三年、七〇ページを参照）。

算数が好きな子どもの割合

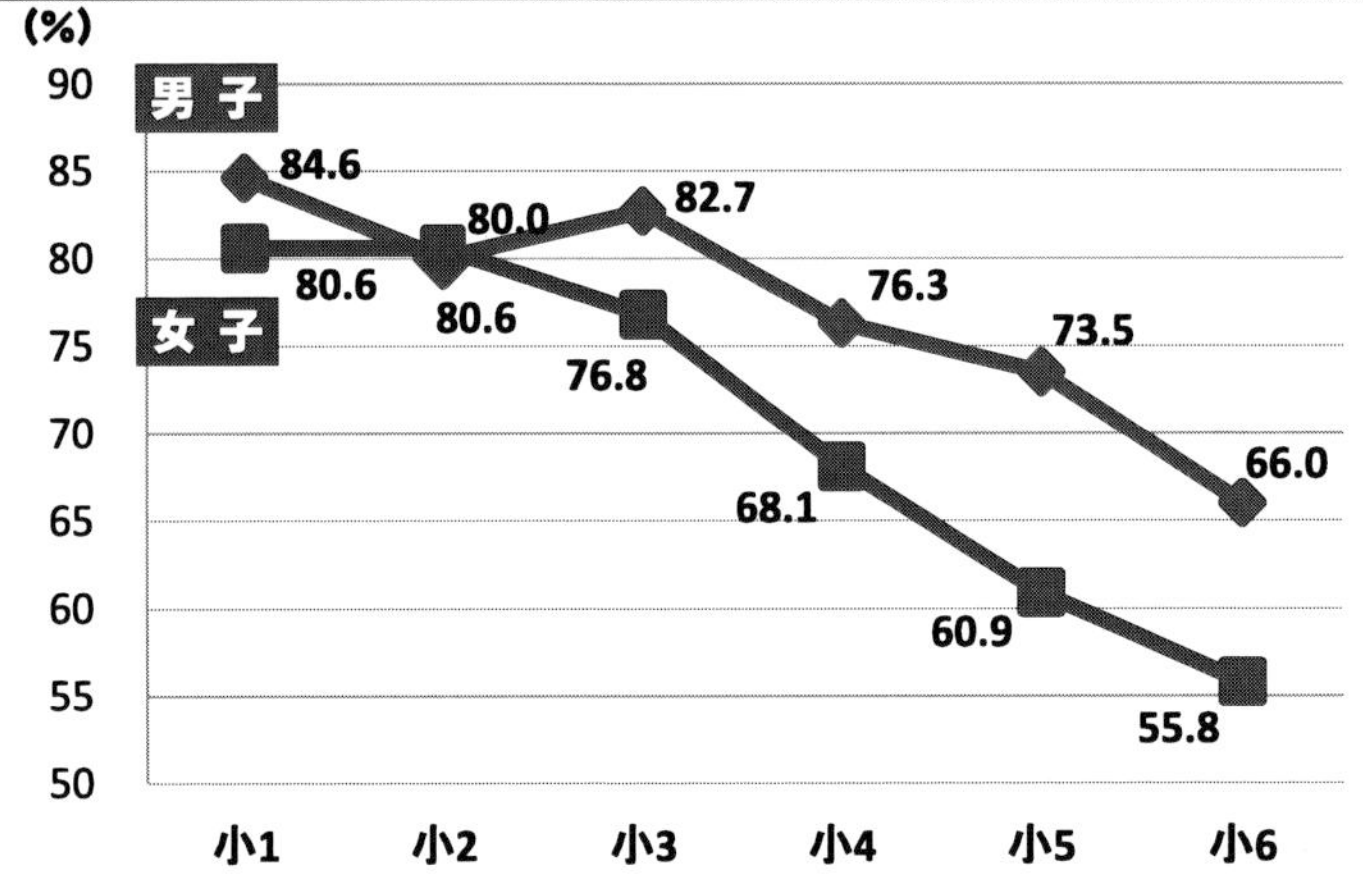

※「とても好き」＋「まあ好き」の%
ベネッセ教育総合研究所　「小学生の計算力に関する実態調査」（2013年）

「おれ頭悪いから。」「どうせ無理だし。」と口癖のように言う子供がいる。実際、小学校の低学年から勉強を好きだと答える子供の数は段階的に減っていく（上図）。「七五三」という言い方もある。小学校では7割の子供が勉強が分かると言っているが、中学校で5割になり、高校で3割になるというものだ。

　こうしたことの延長線上に、少し抽象的な話になると「おれ難しいこと分からないから。」とか、「勉強苦手だったし。」と口癖のように言う若者の存在があると見るべきである。もちろん個人の能力は多様であるが、学校で学ぶ内容のうち、基礎的・基本的なものについては、学び方次第でかなりの差が生まれるのではないだろうか。頭が悪いのではなく、自分に合った学習方法を知らなかっただけではないか。適切に指導されなかっただけではないのか。少なくとも我々教育関係者はそう疑ってかかり、できる限りの改善を進めるべきだろうと思う。

学校教育の課程の中で学習をあきらめ、「学びから降りてしまう」子供を我々がつくり出しているとすれば、それは結果的に、適切な指導の欠如が「学習性無力感」を養う「かくれたカリキュラム」として機能していると見なすことができる。

そもそも、各学校段階の教師は相対評価ではなく、絶対評価の視点で教育を行うこととされている。当たり前のことながら確認したいのは、我々は子供に順位をつけるために教育活動を行っているわけではないということである。そうであればなおさら、学び方を知らないだけで知らない間に学力に差がつくような教育活動のあり方は早急に見直す必要があるのではないだろうか。

二つ目に考えたいのは、「分からないことの連続」が、適切な指導の欠如により、「分からなくても困らないことの連続」や「分からなくてもうまくやり過ごせることの連続」と

平均正答率と自己肯定感

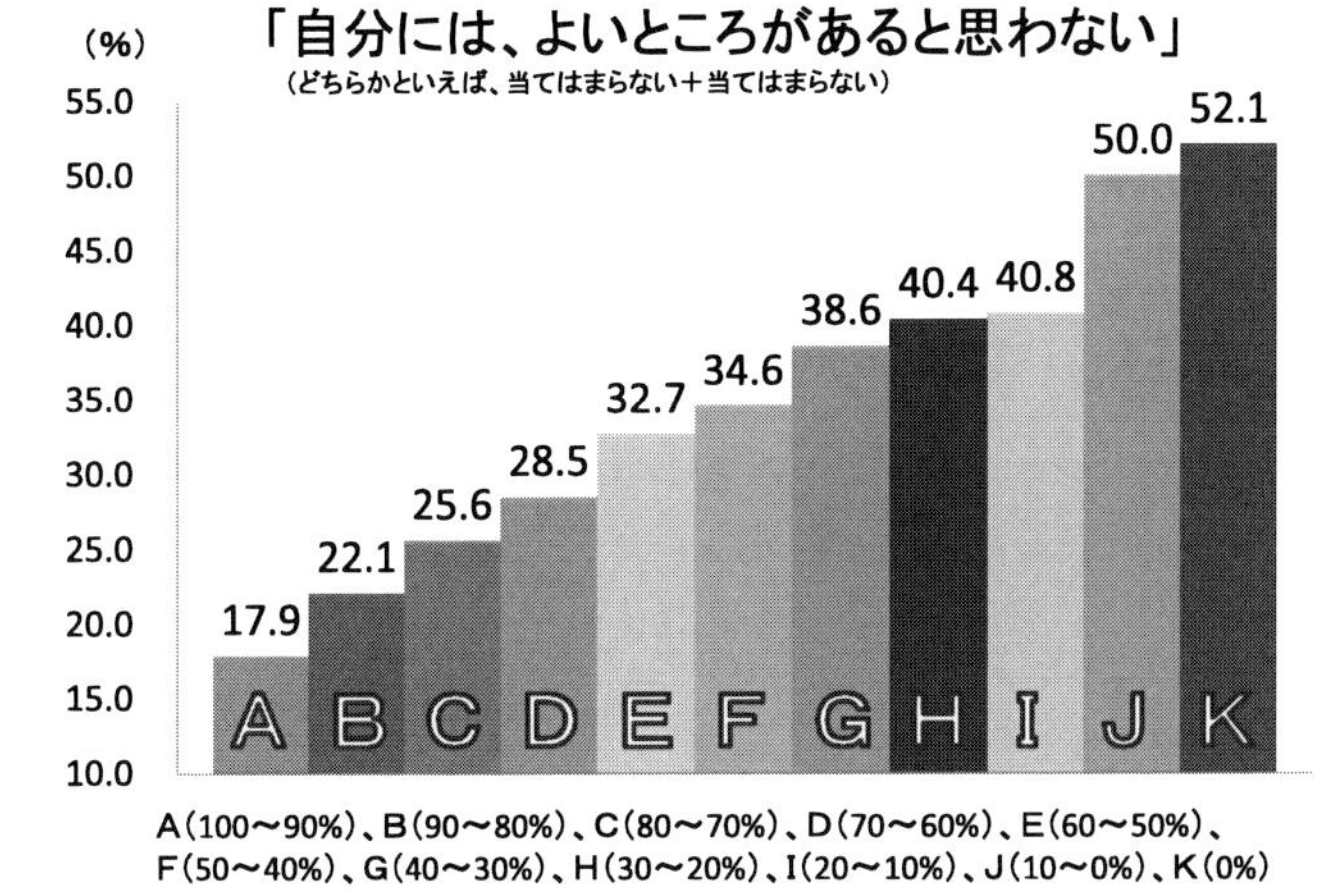

※H24年度全国学力・学習状況調査　北海道版　調査結果報告書をもとに作成。
A〜Kは平均正答率を11段階に分けたもの。

なり、それらが「分からないことへの慣れ」を生み、「分からないことを困ったことや恥ずかしいことだと思わなくなる態度・習慣」を「学習」させてしまうというパターンである。やんちゃな子供たちに多いケースかもしれない。もちろん、我々大人も分からないことは日々山ほどあるわけで、ある程度知ったりフリをしてやり過ごさなければいけない局面もあり、それも一つの「生きる知恵」ではある。しかし、学校教育段階でそういう「態度」を養ってしまうことが是か非かと言われれば非と言わざるを得ない。これも深刻な「かくれたカリキュラム」ととらえるべきであろう。

三つ目に考えておきたいのは、「学力がつかない教育課程」が子供の自己肯定感を蝕む「かくれたカリキュラム」になっているというケースである。前ページのグラフは、筆者が北海道教育委員会に在職中、同僚の指導主事の皆さんと共に、全国学力・学習状況調査の調査結果（小学校算数A）と児童生徒質問紙をクロス分析してみた結果である。正答率をA～Kまでの十一段階に分け、自己肯定感に関するアンケート結果を突き合わせてみたところ、平均正答率が低くなればなるほど、自己肯定感が低い児童の割合が高くなっていく傾向がはっきりと出た。自己肯定感と学力との関係をここまで明確に示したデータは当時管見にして見たことがなかった。

教員研修で「ここまで学力との相関がはっきりする質問紙項目は何でしょうか？」とクイズ形式で問いかけると、多くの場合、先生方に驚きをもって受け止められる。「薄々は感じていたが、ここまでとは思わなかった。」「学力と自己肯定感は別物と考えていた。」「学力がつかない子供にも自己肯定感を、という姿勢で指導にあたっていた。反省しなければならない。」などの声が多数なのである。

『小学校学習指導要領解説総則編』には次のような記述がある。

分かる喜びや学ぶ意義を実感できない授業は児童にとって苦痛であり、児童の劣等意識を助長し、情緒の不安定をもたらし、様々な問題行動を生じさせる原因となることも考えられる。（五八ページ）

「分かる喜びや学ぶ意義を実感できない」「授業」とあるが、これを狭義の四五分や五〇分の「授業づくり」の話に矮小化すべきではないと思う。これまで多くの識者が指摘してきたように、相当数の子供たちにとって、授業だけで学力が定着するということはあり得ない。分かったような顔をしても本当に分かってはいないし、「できる」ようにもならない。補習や個別指導、家庭での学習（復習）との適切な連携があって、はじめて「できる」ようになる子供が多い。その際に重要となるのは学び方の指導である。そのためには、本時主義、単元主義に留まらず、各学年、学校段階、さらには義務教育段階を視野に入れたカリキュラム・マネジメント的視点で改善を図る必要がある。これは管理職やミドルリーダーが中心となりながら学校がチームとして取り組まなければいけないことである。

7 おわりに

縷々、学習方略を材料として述べてきたが、筆者は認知心理学者でも脳科学者でもない。本稿におけるもっとも重要なメッセージは「学習方略を学校全体として適切に指導しないこと」が、ネガティブな「かくれたカリキュラム」として機能する危険性を多面的に理解して学校改善を図るべきということである。言うまでもないが、本稿で紹介した学習方略に関する論考は全体のうちごく一部に過ぎず、しかも「かくれたカリキュラム」論の論旨に合わせて、部分を切り取ったものであるという点に注意していただく必要がある。

学習方略については、アカデミックな知見が国内外で相当程度蓄積されており、日本語でも様々な書籍が出版されている。しかし、もっとも大事なはずの学校現場での実践がやや不足している状況にあるように思う。折角の実践知が継承されていなかったり、定説レベルの学問知が十分に活かされていないのは勿体ない。本文中に明示したものも含め、多忙な学校現場の先生方が比較的手に取りやすく、読みやすく書かれている参考文献を改めて掲げておくので、学習方略そのものについては専門家の知見にあたり、本稿で指摘した「かくれたカリキュラム」の視点を共有しながら「学校現場の現実」に適用してほしい。言うまでもないが、大事なのは何を実行したかとか、何を提案したか（アウトプット）ではなく、どのような成果を出したか（アウトカム）である。アウトカムに向き合った上で、創意工夫を活かしてアウトプットのありようを改善し、学校現場ならではの提案をアカデミアや教育行政にフィードバックしていただけたらと思う。

〈読みやすい参考文献〉

池谷裕二著『受験脳の作り方―脳科学で考える効率的学習法』（新潮社、二〇一一年）

市川伸一著『学力と学習支援の心理学』（放送大学教育振興会、二〇一四年）

市川伸一著『勉強法の科学―心理学から学習を探る』（岩波書店、二〇一三年）

向後千春著『教師のための「教える技術」』（明治図書、二〇一四年）

西林克彦著『あなたの勉強法はどこがいけないのか？』（筑摩書房、二〇〇九年）

西林克彦著『間違いだらけの学習論―なぜ勉強が身につかないか』（新曜社、一九九四年）

藤澤伸介著『ごまかし勉強』(新曜社、二〇〇二年)
ベネッセ教育総合研究所「小中学生の学びに関する実態調査」(速報版)(二〇一四年)
ベネディクト・キャリー著　花塚恵訳『脳が認める勉強法「学習の科学」が明かす驚きの真実!』(ダイヤモンド社、二〇一五年)

おわりに

「かくれたカリキュラム」を改善するという行為はかなりの「自己否定」を伴うものである。ともすれば「美辞麗句」「予定調和」が支配しがちな学校文化において、ある意味異質な行為とすら言えるかもしれない。ここまで読み進めていただいている読者の皆様の改善意欲に敬意を表するとともに、折角なので、本書及び「かくれたカリキュラム」に関する補足説明をオムニバス的にもう少しだけ述べ、後書きに代えたいと思う。

中間実践としての「かくれたカリキュラム」改善

学校訪問をするたび、教員研修に行くたび、教育行政の指導助言を見るたび、「かくれたカリキュラム」という「概念の眼鏡」をかけて観察を行い、気付いたことを言語化する。慣れれば眼鏡をかけていることすら忘れる。そういう状態に自分を置くことで見えてくるものは実に多い。

改めて感じるのは、この概念は極めてシンプルだが非常に奥深いものだなあということである。もう一度端的に整理しよう。「カリキュラム」とは、教育側に目的・目標があり、その達成のために組まれる教育計画のこと。「意図」が明確であるところに特質がある。それに対して、「かくれたカリキュラム」は、教育者側にそのような意図はないのに、結果として「何か別のもの」……資質・能力・態度・習慣・知識・信念等々……を被教育者側が「獲得」「学習」してしまうというものである。ここでは「無意図」がキーワードとなる。実際には「カリキュラム」の中にも意図が不明確又は曖昧化した教育活動がたくさん含まれており、経験的に言えば、それらはネガティブな「かくれたカリキュラム」の温床になっていることが多いように思う（前著一二六ページ参照）。そのように考えた場合、意図した教育効果が実現しているかを分析し、必ずしも実現していないときのチェックポイントの一つとして「かくれたカリキュラム」の介在を疑う癖をつけることが有用であると思う。「癖をつける」と言っても個人に留まっていては勿体ない。「大事なことを組織の癖にする知恵」がマニュアルというものである。そうした観点からは、学校評価や授業評価の視点として、「かくれたカリキュラム」を明確に位置づけておくことが有用かもしれない。こういうことはミドル以上のリーダーの仕事である。

故・家本芳郎氏はかつて「中間実践」という言葉を使った（『宿題出す先生出さない先生』学事出版、一九九七年、一七三ページ）。中間実践とは、現実と理想をつなぐ実践である。ある実践を可能にするために、過渡的に行わなければならない実践のことである。より高度な実践を可能にするために、まさに「中間実践」的に取り除かねばならない「かくれたカリキュラム」がたくさんあるだろうと思う。

「かくれたカリキュラム」はどこにでもある

教育という概念は「他人に対して意図的な働きかけを行うことによって、その人を望ましい方向へ変化させること。広義には、人間形成に作用するすべての精神的影響をいう。」（大辞林第五版）。この広義の部分に「かくれたカリキュラム」が入る。善意の指導の裏に潜む「かくれたカリキュラム」もあれば、不作為の裏に潜む「かくれたカリキュラム」もある。このように見た場合、およそ何らかのコミュニケーションやディスコミュニケーションの陰に「かくれたカリキュラム」の存在を疑わなければならないことになる。教師と子供との関係だけでなく、管理職と教職員との関係、学校と保護者の関係、教育行政と学校との関係、教員養成大学の教官と学生との関係。保護者と子供との関係……。思えば我々教育関係者が行う「広義の教育」の機会は枚挙に暇がない。そしてネガティブな「かくれたカリキュラム」は、継続したり、他の「かくれたカリキュラム」と相互作用を起こしたりすることにより悪影響が大きくなる性質があるように思う。だから、個々の教師が取り組むだけでなく、学校全体での改善が必要になる。前著と比べた場合の本書の特色の一つは、学校マネジメントの視点も加味しながら、「かくれたカリキュラム」という概念を使って見るべき対象の範囲を広げたことにあるかもしれない。

ミクロの「かくれたカリキュラム」とマクロの「かくれたカリキュラム」

「かくれたカリキュラム」は学校・教師の「無意識」が生み出す「指導の裏の闇」を照らし出す極めて汎用性の高い概念である。具体例を考えていくと大きなものから小さなものまで様々な種類のものが出てくる。「児童生徒が異なる受け止めをしてしまう」というレベルのものから、「学校教育全体を通して子供の自己肯定感が蝕まれる」といったものまで実に多様である。

「神は細部に宿る」(God is in the details)という言葉はよく使われるが、「悪魔は細部に宿る」(Devil is in the details)という表現もあることはあまり知られていない。学校教育という地道な営みは年間二百日以上行われている。「神も悪魔も細部に宿っている」ことを意識しながら、日々の指導に当たることが肝要である。「教育は大きなことを夢見ながら小さなことにこだわりとりくむ営みである。」という言葉(故・家本芳郎氏)を改めて噛みしめたい。

他方、年間二百日千時間以上にわたるミクロの教育活動の連続が、学年段階・学校段階・義務教育段階を通じて、巨大な「かくれたカリキュラム」として機能する危険性も併せて意識する必要がある。マクロ的視点で見えてくる「かくれたカリキュラム」は、教育のあり方に関わる大きな問題とリンクしていることも多く、学校だけ、教師だけでは解決できないように見えることもあるだろう。それらは多分、百点満点の解決が難しい類いの問題である。しかし、我々自身がその「問題の一部」となって埋没するのではなく、まずは「解決策の一部」であることを自覚したい。そうすることによってなし得る事柄は実にたくさんある。管理職や教育委員会関係者はもとより、事務長、主幹教諭、教務主任、研究主任など学校教育をトータルで改善する責務を有する方々とそうした認識を共有したい。

折しも「カリキュラム・マネジメント」の重要性が広く強調され始めている。また、「個人事業主」の集まりとしての学校像から脱却し、教職員が真のチームとなることにより実現し得る事柄がクローズアップされている昨今でもある。前著及び本書が、学校がチームとなって取り組むカリキュラム・マネジメントの一環として、「かくれたカリキュラム」の点検・改善を併せて行うための一助となれば幸いである。

おわりに〜謝辞

前著同様、今回の著作も平成二五年に「独立行政法人教員研修センター」の委託を受けて北海道教育委員会が行った研修プログラム開発事業の過程で学んだことがベースになっている。改めて、共に研究を深めたメンバー（山田洋一、中澤美明、川端香代子、伊藤伸一、菅沢企城、宇野弘恵、笹森健司、近藤真司、北河剛治の各氏）、貴重なご助言をいただいた安彦忠彦氏（神奈川大学特別招聘教授）、宇佐美寛氏（千葉大学名誉教授）、温かなご支援をいただいた北海道教育庁の西崎毅、辻俊行、池野敦の各氏に感謝を申し上げたい。

また、特に本書の執筆過程においては、東京大学の市川伸一教授、東北大学の堀田龍也教授、国立教育政策研究所の藤原文雄総括研究官、元横浜市立小学校教諭の野中信行氏、室蘭市立旭ヶ丘小学校の千葉康弘氏、ベネッセコーポレーションの竹内新氏、また、事情によりお名前を出せない複数名の大学教授、学校現場の先生方に、時間を割いていただき貴重なご助言を賜った。改めて深く感謝を申し上げたい。

著者を代表して　武藤　久慶

【著者紹介】

横藤　雅人（よこふじ　まさと）

1955年北海道生まれ。1978年北海道教育大学教育学部卒業。札幌市立小学校教諭，教頭，校長として勤務し，2016年まで北広島市立大曲小学校長。2016年から北海道教育大学学校臨床教授。

《主な著書》『子供たちからの小さなサインの気づき方と対応のコツ』（学事出版），『５つの学習習慣』（合同出版），編著『学級経営力・低学年学級担任の責任』（明治図書），共著『必ずクラスがまとまる教師の成功術！』（学陽書房），『日常授業の改善で子供も学校も変わる！学力向上プロジェクト』（明治図書）他多数

武藤　久慶（むとう　ひさよし）

1975年東京都生まれ。2006年 Harvard Graduate School of Education（M.Ed.）。2006年 Boston College TIMSS&PIRLS 国際研究センター客員研究員。2012年北海道教育大学客員教授，2013年より同招聘教授，国立教育政策研究所フェロー。

2000年に文部科学省入省後，教育課程課，大臣官房総務課等を経て，2010年北海道教育委員会に出向。教育政策課長，義務教育課長を経て2013年から2014年３月まで同学校教育局次長。

政策立案のかたわら，各地で基礎学力問題，学校力の向上策，学校のタイムマネジメント，情報マネジメント，かくれたカリキュラム，保護者へのアウトリーチ，コミュニティスクール等についての研修講師を数多く務める。

本文イラスト：木村美穂

その判断，学校をダメにします！管理職・主任のための
「かくれたカリキュラム」発見・改善ガイド

2016年５月初版第１刷刊 ©著　者　横藤雅人・武藤久慶
発行者　藤原光政
発行所　明治図書出版株式会社
http://www.meijitosho.co.jp
（企画）松川直樹（校正）㈱東図企画
〒114-0023　東京都北区滝野川7-46-1
振替00160-5-151318　電話03（5907）6702
ご注文窓口　電話03（5907）6668

＊検印省略　組版所　株式会社カシヨ

004-001

Printed in Japan　ISBN978-4-18-181228-7

明治図書

図工科授業サポートＢＯＯＫＳ
あるある悩みを一気に解決！
小学校図画工作　絵の指導ガイド
鈴木　早紀恵　著
２０４６円

図工科授業サポートＢＯＯＫＳ
どの子も夢中になって取り組む！
図画工作　題材＆活動アイデア100
西尾　環　編著
２５９６円

体育科授業サポートＢＯＯＫＳ
用具のプラスで
子供のやる気に火がつく！
体育授業パワーアップアイデア100
本書収録の全運動動画付き
工藤　俊輔　著
２５９６円

体育科授業サポートＢＯＯＫＳ
やりたい種目が必ず見つかる！
小学校体育ゲーム・ボール運動
アイデア大全
鈴木　直樹　編著
２６４０円

音楽科授業サポートＢＯＯＫＳ
音楽×アプリ×授業アイデア100
小学校・中学校
瀧川　淳　編著
２４８６円

中学校理科サポートＢＯＯＫＳ
生徒の素朴な疑問から始まる！
中学校理科のおもしろ授業
大久保　秀樹　著
２１５６円

中学校英語サポートＢＯＯＫＳ
話せる！書ける！英語言語活動
アイデア＆ワーク66
瀧沢　広人・山﨑　寛己　著
２２６６円

やさしくわかる
生徒指導提要ガイドブック
八並　光俊・石隈　利紀・
田村　節子・家近　早苗　編著
２２００円